Vita Nostra
Subsidia ad Colloquia Latina

TOMUS I

Materials for Conversing in Latin
Latin-English

VOLUME I

Stephen A. Berard, Ph.D.

Vita Nostra
Subsidia ad Colloquia Latina

TOMUS I

Materials for Conversing in Latin
Latin-English

VOLUME I

CATARACTA PUBLICATIONS
Clinton, Washington, United States

Vita Nostra
Subsidia ad Colloquia Latina
TOMUS I

Materials for Conversing in Latin
Latin-English
VOLUME I

For information on the *Vita Nostra* series and other works by Stephen A. Berard, visit **Boreoccidentales.com**.

Cover photo credits: **Temple of Saturn, Rome** by Diane Ringo (background). *Source:* Wikimedia, CC BY 3.0. **Traffic Jam; Pillows Resting on a Bed.** *Source:* Microsoft Clip Art. **Colorful Houses in Burano, Venice, Italy** © Atm2003; **Brother and Sister Brush Teeth** © Miszmasz. *Source:* Dreamstime.com & StockFreeImages.com. **Flosculi Malvacei** and **Three Students from the *Circulus Seattlensis*.** *Source:* Brian Regan.

Design and production: Erica Swanson using Pages '09 and Pixelmator.
Fonts: Gentium Book Basic, Uncial Antiqua, Walkway, Handlee and Fira Sans OT.

ISBN-13: 978-1976102967
ISBN-10: 1976102960

Submit permission requests to:

Dr. Stephen A. Berard
Cataracta Publications
4527 Hilltop Drive
Clinton, WA 98236 USA
Stephanus@Boreoccidentales.com

Printed by CreateSpace, An Amazon.com Company

CAPITUM TABULA

*T*O THE STUDENT

Vita Nostra is for your use during Latin conversations both inside and outside class. It is especially designed to stimulate conversations about daily life and the things that interest you most. The process of applying the language to your own life helps you to internalize the language and to develop a personal repertoire of favorite vocabulary and expressions. This is the way a speaker begins to become more fluent.

Vita Nostra is a "communicative" text—which means that, unlike grammar-based primers, it does not strictly follow a systematic plan of grammatical introduction. Each chapter attempts to focus on some elements familiar to you from whichever textbook you may be using, but you will probably also encounter some grammatical principles that you may never have seen before. When using these new elements for conversation, you should attempt to apply them the "natural way," that is, by using them without necessarily understanding all the grammar involved. Learn by imitation. If you make mistakes, the instructor will correct you. Learn the corrections even if you do not understand all the principles involved.

In *Vita Nostra* you will be learning partly the way children do: by repetition. When we are young we learn language by repeating familiar phrases. Of course, as an adult, you may want to satisfy your curiosity by looking ahead in your grammar text. Feel free to do this, though it is not specifically required. If you are tested on *Vita Nostra*, you will be given a great deal of freedom to talk or write about the things you have chosen to focus on, although the content of the questions will also be determined somewhat by the course of class conversations. If someone in class has climbed Mt. Everest, it would probably be a good idea for you to be able to say this. The main thing in conversation is, of course, to have something to say.

Finally, do not be intimidated by the enormous amount of vocabulary you will find in *Vita Nostra*. These volumes are designed to be useful for Latin conversation for many years to come, and thus they contain far more than you will need to know right away. The first time through, you will probably need to learn no more than 10% or 15% of the vocabulary you see.

USING *VITA NOSTRA* WITH A GRAMMAR-BASED PRIMER

Each chapter of **Vita Nostra I** begins with dialogues (*"Sermones"*), one simple and one more advanced, that deal with some of that chapter's main themes in a modern setting. Read the dialogues through several times until you are able to read them without looking up words. Reading and understanding text without translating it into English is an excellent way to help you learn the language. In class the instructor will make sure everyone understands the dialogue. Then the Latin questions following it will be asked and answered.

Each chapter contains vocabulary lists and a number of exercises designed to combine new vocabulary with some of the grammar you are learning. Using **Vita Nostra** is very different from using the other texts. In whichever grammar book you are using, you are expected to learn paradigms and certain, very specific grammatical principles. In **Vita Nostra**, you use the vocabulary lists and exercises as a resource for conversing in Latin. Only use what you find useful. If, for example, neither you nor anyone in the class nor anyone you wish to talk about has a parrot, there will be no need just yet to learn the word *psittacus*, unless you simply want to learn that word.

Because the vocabulary lists cannot possibly contain every word related to a particular theme, you may occasionally find that you need to look up words in your Latin dictionary. This will be a good opportunity to practice interpreting your dictionary correctly.

PROOEMIUM

Praeteritī saeculī decenniīs ultimīs philologī classicī segnem linguārum sibi cārissimārum mortem sentiēbant tardārī nōn posse nisi quid ipsī dē disciplīnīs germānīs, scīlicet dē collēgārum sermōnēs quōsque secundōs, quī dīcuntur, docentium methodīs cognōscerent inque īnstitūtiōnem Latīnam trānsferrent. Quod ipsī linguās classicās, ut saeculō vicēsimō mōs exstiterat, iam dūdum prō mortuīs habēbant mīrum quam repentīnō appāruit mortis esse causam. Iam plūs duo milliāria annōrum Latīnus sermō, ut "lingua franca" sive κοινή vel, prō ratiōne temporum, ut nōtiōnum humānārum commerciī īnstrūmentum satis exquīsītum, nōn autem ut nūtrīcis cum lacte hausta dialectos vernula, perquam viguerat. Ūsque in saeculum ūndēvīcēsimum disceptābātur apud complūrēs studiōrum universitātēs Eurōpaeās Latīnē, in vicēsimum saltem apud scholās sacerdōtālēs atque in Cīvitāte Vaticānā. Rem sine īrā et studiō cōnsīderantī perspicuum factum est cultūs cīvīlis Occidentālis illī Būcephalae tam recentem mortem nōn bella cōnscīvisse tyrannōsve rudēs, quīn potius ipsīus agāsōnēs. Nūllam iam liquēbat linguam vērē "mortuam" nuncupārī posse nisi mortī concessam. Philologī recentiōrēs, dīversīs dē causīs, colloquia Latīna — nē quid dīcam dē litterīs Latīnīs novīs — omittentēs, quamvīs īnsciī, Būcephalam illum speciōsissimum, dēliciās quondam suās, sevērā acū acadēmicā pseudoprāgmaticā tamquam pāpiliōnem, exanimae fōrmae admīrātiōne frīgidā, trānsfīxerant. Haud iniūstē discipulī Latīnitātem, ob aspectum āridum, prō vīviōribus studiīs in annōs magis fugiēbant. Quōcircā nova ā glōttologīs reperta attendere coepērunt nōnnūllī ex Latīnē doctīs: linguam, quae modō nec nātūrālī neque āctīvō nec necessāriō discerētur, prīmīs tantum labrīs, nec penitus, ut nunc iūre atque aptē dīcitur, appropriārī posse; Latīnē, verbī grātiā, legentem, quī linguā quā legeret numquam, ut ita dīcam, vīxisset, litterās Latīnās haud ita intellegere posse ut Hispānophōnum Hispānicās, Theodiscophōnum Theodiscās, Anglophōnum Anglicē cōnscrīptās; huic malō ūnicum remedium esse Latīnitātem vīvam restitūtam, litterās Latīnās colloquiaque Latīna redivīva. Quibus animadversīs, cooriebātur autem interdum inter litterīs Latīnīs recentī mōre passīvē doctōs habitus quīdam animī quī nunc "suī dēfēnsīvus" nuncupātur: linguam, cui ipsī sē dēdissent quaeque porrō milliāriīs eximiē serviisset, nūllō tamen modō rēs novissimās exprimere posse, immō nunc dēmum mandandam esse eīdem Mausōlēō venerandō, vastō, tacitō cui iamprīdem sermōnēs Hettīthus, Gothicus, Palaeoaegyptius et cēterī; mīrāculīs glōttologicīs Sānscriticō, Neo-Īslandicō, Neo-Hebraeō, Neo-Celticō nūllum mīrāculum Neo-Latīnum esse adiungendum.

Quae cum ita sint, patet libellōs hōs, quibus titulus commūnis **Vita Nostra**, eō prōpositō cōnscrīptōs esse ut inceptum nostrum, Latīnitātis vīvae perennisque ortus novus aliquantulum foveātur. Plūra in annōs dīversīs in terrīs prōdeunt enchīridia, libellulī, lexica quibus īdem ferē scopus, licet variīs modīs, petitur, quōrum quidem plēraque frequenter cōnsultāvī: imprīmīs *Lexicon Auxiliare* Christiānī Helfer; *Lexicon Nominum Locorum* Carolī Egger, eiusdem *Lexicon Recentis Latinitatis*; *Lexicon Eorum Vocabulorum Quae Difficilius Latine Redduntur* Antoniī Baccī; Davidis Morgan et Patriciī Owens lexicon Interrretiale Anglo-Latinum; *Imaginum Vocabularium Latinum* Sigridis Albert; eiusdem *Cottidie Latine Loquamur*; *Smith's English-Latin Dictionary* a Villelmō Smith et Theophilō D. Hall compositum; Iōannis Traupman *Conversational Latin for Oral Proficiency, 3. ed.*; *Latein-Deutsch: Visuelles Wörterbuch*; novum exemplar illīus lexicī ūtilissimī, a Prof. Dr. Otto Güthling cōnscrīptī, cui titulus *Langenscheidts Grosswörterbuch Latein, Teil II*. Nōnnumquam succurrēre sociī praeclārī illīus circulī quī apud Professōrem Terrentium Tunberg Latīnitātī perennī impēnsē incumbunt. Praecipuās agō grātiās ipsī Professōrī Tunberg quī prīmum tomum quondam ēmendāvit atque Professōrī Dwight Albertō Castro quī et prīmum et alterum.

Hoc opusculum est quidem ad ūsum proprium prīmō compositum; fierī autem potest ut eīs collēgīs prōsit quī coetibus Latīnīs elementum colloquiāle, commūnicātīvum addere velint, nec minus et eīs quī methodum merē commūnicātīvam colere studeant. Ē lexicīs neologismōrumque indicibus dīversīs locūtiōnēs collectās singulās singula distribuī in capitula exercitātiōnibus ōrnāta, quae quidem dispositiō dēstināta est ut discentī vocābulōrum exquīsītiōnem faciliōrem reddat ad colloquia secundum argūmenta disposita participanda et ad eiusdem modī scrīpta compōnenda. Eōdem cōnsiliō sunt etiam intrōductae vocābulōrum dīvīsiōnēs secundāriae tertiāriaeque, scīlicet ut discēns ad "pāscendum" stimulētur (neu, in versiōne Latīno-Anglicā, tantummodo dīctiōnēs singulās sibi ultrō prōpositās, vernāculā linguā prīmum cōgitātās, indāget). Locūtiōnēs ascīscēns plērumque līberālitātem adhibuī, ōrātiōnis varietātem āridō sermōnis ēmendātī studiō antepōnēns, discrīminum respectum interdum habēns inter dīcendī genera sollemne familiāre humile vigentem humānitātem assiduē praepōnēns angustō, paraphrasēs multiiugās, absonās amantī "pūristicō" animō.

"Sermō" quisque tantum ad lēctiōnem prīvātam quantum ad recitātiōnem sive āctiōnem histriōnicam ūsurpārī potest. "Exercitātiōnēs," quae dīcuntur, aequē exercitiōrum scrībendōrum atque exercitātiōnum ipsīs in coetibus agendārum vicēs praestāre possunt. Immō haec mera sunt exempla quae commūnicātīvē praecipiēns sānē sciat prōdūcere variāre mūtāre. "Exercitātiōnem" quamque, vel āctiōnum ā docente excōgitātās commūtātiōnēs, idōneum est nunc coetum ūnā agere, nunc discentēs bīnōs globātimve. Haud rārō fit ut variātiōnēs omnium scītissimās reperiant ipsī discipulī. Capitulō dēmum cuique additus est index locūtiōnum idiōmatumque ac prōverbiōrum ūnā cum ūsūs exemplīs atque exercitandī cōpiā; nam quō quisque tālia perdidicit eō Latīniōrem praebet huius loquēla aspectum.

Inter hodiernārum linguārum praeceptōrēs satis cōnstat, quod docuērunt et investīgātiōnēs complūrēs, adultōs aequē atque adulēscentēs linguās peregrīnās celerius alacriusque discere nātūrālī modō hās linguās adhibentēs ad ea imprīmīs exprimenda tractandaque quae suā intersint: studia, mūnera et labōrēs, familiārēs, incepta cōnsiliaque propria, aerumnās cotīdiānās, mūsicam cēterāsque artēs, artificia, affectūs animī, nec minus et omnīnō cottīdiāna velut cibōs, vestītum, lūsūs, obsōnium, rem fiscālem, Mūsās populārēs, fēriās itineraque, convīvia, omnem dēmum vītam suam. Ita, ut crēbrō documentō datur, discunt parvulī. Secundāriam prōporrō saepe adsevērant esse grammaticēn quī methodō commūnicātīvō favent. Loquendī cōnsuetūdī sē iam nātūrāliter fōrmantī praecepta grammatica posterius, sēnsim, prō rērum necessitāte impōnenda. Prīmō pōnendās locō haudquāquam ēmendātiōnēs— quod quidem nātūrae resistere.

Ex hīsce duābus doctrīnae commūnicātīvae sententiīs modo expositīs illam, discentem suā ipsīus vītā verbīs celebrandā melius discere, prōrsus ratam habeō, laudō, sequor; ab hāc autem, grammaticēn quasi Tomōs esse relēgandam, potius cavendum cēnseō; nam et ratiō docet et ūsus adultōs adulescentēsque nōn item discere ut īnfantēs puellōsque. Haec autem hāctenus.

Summae grammaticae Latīnae mediam fere partem sēnsim indūcit prīmus tomus (**Vīta Nostra I**), alteram aequē gradātim alterīus capitula quattuor prīma (**Vīta Nostra II.I-III**), syntaxeōs Latīnae tōtā cōpiā nītuntur secundī tomī capitula ultima (**Vīta Nostra II.V-VII**). Quī agendī modus Latīnē iam doctiōribus sed loquī modo temptantibus prīmōs gradūs faciliōrēs, omnīnō rudibus possibilēs dēmum reddet. Elementōrum syntacticōrum indūcendōrum ōrdinem adsūmpsī eundem ferē quem Ørbergiānum enchīridion cui titulus *Lingua Latīna per sē Illūstrāta, Pars I*, vidēlicet quia opusculum illud, ut omnīnō Latīnē cōnscrīptum, doctrīnae commūnicātīvae et dīrēctae satis aptum vidētur. Ea elementa quae in ūnō quōque capitulō Ørbergiānō nōndum sunt inducta solent in **Vītae Nostrae** versiōne Latīnō-Anglicā in vocābulōrum indicibus explānārī, nec tamen in versiōne omnīnō Latīnā. Quōmodo inter sē magis minusve congruant opera Ørbergī meumque ostendit tabella haec.

Lingua Latīna, cap. I-III: _Partēs ōrātiōnis; vocābula grammatica; genus, numerus, cāsus; singulāris et plūrālis prīmae et secundae dēclīnātiōnum nōminum ; genera nōminum; nōminātīvus, accūsātīvus, genetīvus; praesentis temporis tertia persōna singulāris_	**_Vīta Nostra I.I_**
Lingua Latīna, cap. IV-VI: _Cāsūs ablātīvus, vocātīvus, locātīvus; modus imperātīvus; praepositiōnēs; "quō?", "unde?", "ubi?"; accūsātīvus fīnis; ablātīvus remōtiōnis; verbōrum genera āctīva et passīva; nōminum dēclīnātiōnēs secunda et tertia_	**_Vīta Nostra I.II_**
Lingua Latīna, cap. VII-XII: _Dēclīnātiōnēs quārta et quīnta; cāsus datīvus; prīmae, secundae, tertiae dēclīnātiōnum adiectīva; "quis", "quī", "is", "ille", "hic"; modus īnfīnītīvus āctīvus et passīvus; accūsātīvus cum īnfīnītīvō; adiectīvōrum et adverbiōrum comparātiō_	**_Vīta Nostra I.III_**
Lingua Latīna, cap. XIII-XVI: _Nōmina numerālia; superlātīvus; participia praesentia; prōnōmina persōnālia; possessīva; verbōrum trēs persōnae; "iste", "ipse", "īdem"; verba dēpōnentia_	**_Vīta Nostra I.IV_**
Lingua Latīna, cap. XVII-XXII: _Prōnōmina indēfīnīta; plūra dē genere passīvō; plūra dē adverbiīs; tempora praeterita imperfectum et perfectum (āctīvum et passīvum); tempus futūrum (āctīvum et passīvum); supīnum; verba anōmala_	**_Vīta Nostra I.V_**
Lingua Latīna, cap. XXIII-XXVI: _Participium et īnfīnītīvus futūrī (āct. et pass.); plūra verba anōmala; tempus plūsquamperfectum; imperātīvus verbōrum dēpōnentium; gerundium_	**_Vīta Nostra II.I_**
Lingua Latīna, cap. XXVII-XXIX: _Modī coniūnctīvī (subiūnctīvī) tempora praesēns et imperfectum āct. et pass.; membra fīnālia ("ut", "nē")_	**_Vīta Nostra II.II_**
Lingua Latīna, cap. XXX-XXXIII: _Tempus futūrum perfectum; gerundīvum; modī coniūnctīvī tempora praeteritum perfectum et plūsquamperfectum_	**_Vīta Nostra II.III_**
Lingua Latīna, cap. XXXIV-XXXV: _Dē versibus; dē arte grammaticā_	**_Vīta Nostra II.IV_**

Stephen A. Berard, Ph.D.
Aquīs Albīs Vasintōniēnsibus
Kalendīs mēnsis Octōbris annī huius aevī MMXIV
Stephanus@Boreoccidentales.com
Boreoccidentales.com

SALUTATIONES VALEDICTIONESQUE

Salvē!
Mihi nōmen est

Salvē!
AUGUSTUS

Salvē! (*pl:* Salvēte!)/Avē! (*pl:* Avēte!)	Hello! Hi! Hey! (= Hello!)
Salvē et tū!	Hello (*to you*)!
Heus tū! (*pl:* Heus vōs!)	Hey you! (*calling for attention*)
Quod est nōmen tibi?/Quōmodo vocāris?/Quōmodo appellāris?/ Quis vocāris?	What's your name?
Mihi nōmen est Valeria. Valeria vocor/appellor.	My name is Valeria.
Pergrātum est tē convenīre.	Pleased to meet you.
Mihi quidem volup est.	The pleasure is mine.
Tē convēnisse volup est.	It's been nice meeting you.

Quaesō./Sī vīs./Sīs. (*pl:* Sī vultis/sultis.)	Please.
Amābō tē.	Please!/"Pretty please."
Sōdēs.	If you don't mind, please... (*used to soften commands*)
Grātiās tibi agō.	Thank you.
Plūrimās/Māximās grātiās (tibi agō).	Thanks a lot. Thank you very much.
Libenter.	You're welcome. "No problem."
Libentissimē.	You're very/quite welcome.
Benignē.	No thank you.
Mitte haec!/Omitte istaec!	Stop that!
Missum fac!	Forget it!
Mitte mē!	Leave me alone!
Ignōsce mihi.	Excuse me.
Ignōscās mihi quaesō./Excūsātum (*or* Excūsātam) mē habeās.	Please excuse me.
Libenter./Nūlla est causa.	You're welcome./No problem.

Quī valēs?/Ut valēs?/Quōmodo tē habēs?/Quōmodo tibi?/Ut tē habēs?/ Quid agis?	How are you?
Valuistīne?	Have you been well?/How've you been?
Rēctē./Bellē.	Fine.
Omnia sunt pulchrē/fēlīciter/fēstīviter.	Everything's (just) fine.
Optimē.	Great.
Probē!/Euge!	Just great!

Omnia mihi pulchrē sē habent!	I'm doing just great!
Āthlēticē/Pancraticē valeō!	I'm fantastic!
Bene habeō.	I'm fine.
Haud male quidem valeō.	I'm doing quite well.
Haud invītus/-a audiō.	Glad to hear it.
Est mihi istud audītū perquam iūcundum.	I'm very glad/delighted to hear that.
Laus superīs./Deō grātiās.	Thank goodness./Thank heavens.
Haud male.	Not bad.
Mediocriter quidem valeō.	I'm doing fairly well./I can't complain.
Variē.	So-so.
Ut soleō.	As usual.
Em, vīvō.	Well, I'm still alive.
Nōn optimē sānē.	Not too well./Not all that well.
Plānē īnfēlīciter!	Lousy./Rotten.
Pessimē.	Terrible.
Invītus/-a audiō.	I'm sorry to hear that.
Mē paenitet.	That's too bad./I'm sorry.

Bonum diem (tibi exoptō)!	Good morning!/Good day!
Bonum (tempus) pōmerīdiānum!	Have a good afternoon!
Bonum vesperum!	Good evening!
Bene (tibi/vōbis) sapiat!/(Calēn) orexin!	Bon appetit! Enjoy your meal!
Bonam noctem!	Good night!
Dormiās bene!/Quiēsce bene!	Sleep well!

Valē! (pl: Valēte!)	Goodbye!
Nunc valē! (pl: Nunc valēte!)	Goodbye for now!
Dī tē ament!/Deus tē salvet!	God bless you!
Tē cūrā./Cūrā ut valeās.	Take care of yourself.
Cūrā ut quam optimē valeās!/Valē pancraticē!	Take really good care of yourself!
Ōtiōsus/-a estō.	Take it easy.
In posterum.	See you later.
In crāstinum.	See you tomorrow.
In proximum.	See you (soon).
In Lūnae diem. (...diem Mārtis/diem Mercuriī/ diem Iovis/diem Veneris/diem Sāturnī or Sabbata (pl)/diem Sōlis or Dominicum/ am diem)	See you on Monday. (...Tuesday, Wednesday, Thursday, Friday, Saturday, Sunday)

Inter nōs revideāmus.	Let's keep in touch.
Vīve ac valē!/Bene valē ac bene ambulā!	Farewell!
Salvē!/Deus tē tueātur!/Salūtem!	Bless you!/Gesundheit!
Libenter cēnā!/Bene sapiat!/ Bonam orexim!/(Kalēn) orexin!	Bon appétit!
Sophōs!	Bravo!
Prōsit (tibi)!/Sit tibi salūtiferum!	Cheers!
Bona verba!	Hush!/Don't say such a thing!/ What a thing to say!
Fēlīciter!/Bene (tibi) vertat!	Good luck!
Tibi grātulor!	Congratulations!
Pāce tuā (dīxerim)!	No offense (meant)!
Sīc mē Deus adiuvet!	So help me God!
Exoptātus/Expectātus venīs!/ Salvum tē advenīre gaudeō!/ Fēlīciter!/Bene advēnistī!	Welcome!

EXERCITATIO / ACTIVITY

"Convīvium in Conclāvī Scholārī" / "A Party in the Classroom"

Omnēs cōnsurgunt et quisque minimum quīnque aliōs alloquitur rogāns quī vocentur; quōmodo sē habeant, etc., deinde valedīcēns.

Ex arbitriō commimīscī licet. Geniō indulgē!

Everyone stands up and talks with at least five other students asking them their name, how they are, etc., and saying goodbye.

Feel free to improvise. Have fun!

RES SCHOLARES

adversāria -ōrum *or* **liber vacuus/exceptōrius**	*(larger)* notebook
bulga (*also* **saccus** *or* **pēra**) **scholāris, -ae -is**	bookbag

calamus -ī (**penna** = quill; **stilus** = stylus)	pen
calamus coāctilīcius	marking pen, felt pen
capsa (**contactūs ēlectricī**) **-ae**	electric wall-socket
charta -ae	paper
chartophylacium -ī	briefcase
(**īnstrūmentum**) **computātōrium/ōrdinātōrium**	computer
computātōrium gremiāle/gestābile	laptop (computer)
conclāve scholāre, -is -is	classroom (*also, if large,* **exedra** *or* **aula -ae**; **audītōrium** = lecture hall)
cōticula	pencil sharpener
crēta -ae	chalk

dētersōrium -ī	eraser *(for chalkboard, etc.)*
dictiōnārium -ī (*also* **lexicon -ī** *or* **vocābulārium**)	dictionary, lexicon
disculophōnium -ī	CD-player
fenestra -ae	window
gummis -is *f*	*(pencil)* eraser

hōrologium -ī	clock
iānua -ae	door
involūcrum -ī	envelope; folder
libellus -i	booklet; notebook
libellus mūrālis, -ī -is (*also* **libellus parietālis**)	poster
liber librī	book
loculāmentum	file folder (*also* **cōperculum**)
lūmen lūminis *n*	light
māchina arithmētica, -ae -ae (*also* **mēchanēma calculātōrium**)	calculator
mantica -ae (*also* **saccus dorsuālis**)	backpack (**pēra** = satchel slung over one shoulder)
mēnsa -ae	table > **mēnsa scrīptōria** = large desk
mēnsa/mēsula (**scrīptōria**)	(student's) desk

Photos credits: **Latin Letters, Xanten** by Tfioreze *(cropped from original)*; **Screenshot of VideoMost** by Spirit DSP; **Teacher with three discipuli, Neumagen** *(ca. 180-185 CE)* by Carole Raddato *(cropped from original)*. *Source:* Wikimedia, CC BY 2.0.

ōstium -ī	doorway
pariēs parietis *m*	(*interior*) wall
pavīmentum -ī (*also* **solum**)	(*stone or cement*) floor
plumbī tenāculum, -ī -ī (*also* **graphiī tenāculum**)	mechanical pencil
plumbum -ī (*also* **lapis scrīptōrius** *or* **graphium**)	pencil
prōiectōrium suprācapitāle, -ī -is	overhead projector
pugillārēs -ium *mpl*	notepad
quadrum -ī (*also* **album**)	screen
rēs reī *f*	thing, "things"

scheda/schida/folium	leaf/sheet of paper
schidula/schedula	slip/piece of paper; note; card; form
scirpiculus (chartārius), -ī (-ī)	waste(-paper) basket
sēdēs -is *f*	seat, place to sit
sella	chair
solum -ī	ground; floor
spīrāculum -ī *n*	(*air*) vent
stilus/calamus sphaerātus, -ī -ī	ballpoint pen
sūbula/clāvulus/pūnctōrium	tack

tabella ēlectronica/computātōria	pad, handheld device, tablet
tabula -ae	(*chalk*)board > **tabula ātra** = blackboard > **tabula alba** = whiteboard > **tabula viridis** = greenboard
tabula geōgraphica, -ae -ae (*also* **mappa geōgraphica**)	map
tabula nūntiōrum	bulletin board (**tabula sūberea/corticea** = corkboard)
tabulātum -ī	(*wooden*) floor; storey
tēctum -ī	ceiling; roof
tēlevīsificum (īnstrūmentum), -ī (-ī)	TV set, monitor (*also* **tēlevīsōrium/ tēleopticum**)
trānsenna -ae	dividing screen; (set of) blinds (**trānsenna versātilis** = Venetian blinds)

EXERCITATIO / ACTIVITY

"Dē Arte Interrogandī" / *"The Art of Questioning"*

Praeceptor variārum rērum nōmina quaerit, et discipulī respondent. Dein bīnī discipulī similia inter sē rogant.

Exempla: I. "Quid est hoc?"

              II. "Pugilārēs sunt. Hoc quid est?"

              I. "Calamus est!"

The instructor asks the names of various things, and the students answer. Then pairs of students ask each other similar questions.

SERMO SIMPLEX: "QUID AGIS?"

Francus Eduardum in campō acadēmicō cōnspicit.

Francus: Salvē, Eduarde! Quid agis?

Eduardus: Nōn optimē sānē. Et tū?

Francus: Haud male quidem valeō. At cūr tū nōn valēs?

Eduardus: Diaeta mea nova mihi displicet.

Francus: Cūr?

Eduardus: Quia vīcīnī strepunt.

Francus: Vae miserō tibi!

Eduardus: Saltem scholae meae mihi placent.

Francus: Gaudeō!

Eduardus: Nunc autem domum discēdō. Novam diaetam invenīre volō. Nunc valē, France!

Francus: Valē, mī Eduarde! Cūrā ut valeās!

INTERROGATIONES DE SERMONE

1. Quōmodo sē habet Eduardus?   **2.** Francus?   **3.** Quid Eduardō displicet?   **4.** Cūr?
5. Quō nunc it Eduardus?   **6.** Quid facere vult?

Duo discipulī in campō acadēmicō sermōcinantur.

Annula: Ubi habitās tū, Mārce, in vīllā an in diaetā?

Mārcus: Ego vīllam habitō.

Annula: Ego diaetam. Cuius colōris est vīlla tua?

Mārcus: Fusca est, et ōrnātus albus. Cuius colōris est aedificium tuum?

Annula: Suffuscum est, et ōrnātus fuscissimus. Ubi habitant Petrus et Clāra?

Mārcus: Petrus in alumnōrum xenodochīō habitat, Clāra in condominiō lautō. Aedificium caesium est, ōrnātus caeruleus. In habitātiōne Clārae octō cubicula sunt.

Annula: Multa sunt! Diaeta mea tantum sex cubicula habet: sellāriam, trīclīnium, culīnam, dormītōria duo, balneum. Quot cubicula sunt in vīllā tuā?

Mārcus: Mea, ad vīllam, magnitūdinis mediae est. Sellāriam, trīclīnium, culīnam, oecum familiārem, dormītōria tria totque lātrīnās habet. Ūnum ex dormītōriīs tablīnum est patris. Ibi habet pater mēnsam scrīptōriam, bibliothēcam, computātōrium.

Annula: Quid in oecō familiārī habētis?

Mārcus: Tēlevīsōrium, computātōrium familiāre ad lūdōs computātōriōs, lectum...

Annula: Prō deus optime! Sērissimum est! Valē, Mārce! Iam incipit sessiō mathēmatica!

Mārcus: Valē, Annula!

INTERROGATIONES DE SERMONE

1. Ubi Mārcus habitat? **2.** Ubi habitat Annula? **3.** Quāle est Annulae domicilium? **4.** Quāle est Mārcī domicilium? **5.** Quot habet cubicula? **6.** Ubi habitat Petrus? **7.** Ubi Clāra habitat? **8.** Quāle est Clārae domicilium? **9.** Quot habet cubicula? **10.** Quid est in oecō familiārī Mārcī?

Verba Temporālia
(Verbs)

discēdere to depart, leave > **discēdō** = "I'm leaving."

displicēre to be displeasing (+ *dat*) > **mihi displicet** = "I don't like (it)"

esse (sum, est) to be

gaudeō = "I'm glad."

habēre to have

habitāre to live (in), reside (in) > **habitās** = you live; **suburbānum habitant** = they live in a house outside town

incipere to begin

invenīre to find

parāre to prepare

prōspectāre to look out on, have a view of

sermōcinārī *(deponent verb)* to chat > **sermōcinantur** = they chat

strepō to make noise, be noisy > **strepunt** = "they make noise"

valēs *2nd person singular of* **valēre** *(to be well)*

volō I want

Nōmina
(Nouns)

aedificium -ī building

bal(i)neum -ī bath(room) (**Lātrīna** *is a "bathroom" containing just a toilet and sink.*)

bibliothēca -ae library

campus -ī field; **(studiōrum collēgiī ūniversitātisve) campus** > **campō** *(abl after* in*)*

canis canis *c* dog

computātōrium (īnstrūmentum), -ī (-ī) computer (*also* **ōrdinātōrium**)

conclāve -is room *(that can be locked)*

condominium -ī condo(minium) complex

cubiculum -ī (bed)room

culīna -ae kitchen

diaeta -ae **(conducta** -ae**)** (rented) apartment (*also* **cēnāculum** = "garret," "attic")

domicilium -ī abode, domicile, "room" > **domicilium alumnī** = student/dorm room

domus -ūs *f (acc of place to which =* **domum**, *abl of sep =* **domō**, *loc =* **domī**) house (*esp. urban*) > **domus seriālis** = rowhouse ≠ freestanding house

dormītōrium -ī bedroom (*See also* **cubiculum**.)

Eduarde *(vocative case of* **Eduardus**, *indicating direct address)*

France *(vocative case of* **Francus**, *indicating direct address)*

grabātus -ī cot

habitātiō -ōnis *f* dwelling, abode

īnsula -ae apartment building

lātrīna -ae "half bath," toilet, "restroom," "bathroom," WC

lātrīnicula -ae small bathroom, "half bath"

lectus -ī couch; bed

lectus (cubiculāris), -ī (-is) bed

lūdus -ī game (*also* **lūsus** -ūs); school

Mārce *(vocative case of* **Mārcus**, *indicating direct address)*

māter mātris mother

mediānum -ī sitting-room, drawing room; living room (*also* **exedrium** *or* **sellāria**)

mēnsa -ae table (*cf.* **mēnsa scrīptōria,** *desk*)

oecos familiāris, -ī -is *m* family room

ōrnātus -ūs *m* trim, decoration

parēns -entis *c* parent; mother, father

pater patris father

schola -ae (*college*) class; lecture; instruction

sellāria -ae sitting-room, drawing room; parlor

sermō -ōnis *m* conversation; language

sessiō -ōnis *f* class, class session

supellex -ectilis *f* (*abl* = **supellectile**) furniture, furnishings

tablīnum -ī study (*room in a house*); office

(īnstrūmentum) tēlevīsōrium -ī television (receiver apparatus; television transmissions/programming = **tēlevīsiō tēlevīsiōnis** *f*

trīclīnium -ī (formal) dining room (*technically where people used to recline for dinner*)

vīlla -ae (country/suburban) house, villa

xenodochīum/xenodochium alumnōrum, -ī -ōrum (student) dorm(itory)

Prōnōmina
(Pronouns)

ego I

quid? what?

tū you, thou

Adiectīva
(Adjectives)

Declinable adjectives agree in gender, number and case with the nouns they modify. For a preview, see *Lingua Latina I*, chap. xii.

albus -a -um white

ambō -ae -ō both

amplus -a -um spacious; ample; grand

caeruleus -a -um (true) blue

caesius -a -um light blue

computātōrius -a -um (of the) computer

duo -ae -o two

familiāris -is (of the) family; of/for the servants/household; familiar

fuscissimus -a -um dark brown, very brown

lautus -a -um fancy, elegant; chic; "cool"

magnus -a -um large, big; great, important

mathēmāticus -a -um (of) mathematics

meus -a -um my

mī my (*showing friendship, vocative case of* **meus**)

multus -a -um much (*pl:* many, a lot)

noster -tra -trum our

octō eight

optimus -a -um very good, excellent; best

quālis? -is -e of what sort?, like what? ("**Quāle est?**" = "What is it like?")

quod? which? what sort of? (*from* **quī? quae? quod?**)

quot? how many?

sērus -a -um late (**sērissimus** very/really late)

suffuscus -a -um light brown

trēs tria three

tot (*indecl.*) so many, just as many

tuus -a -um *s poss* your

ūnus -a -um one

Adverbia
(Adverbs)

iam now, already

ibi there

ita yes; thus

minimē no; not at all

-ne (*particle attached to the first word in a yes/ no question*)

nōn not

quoque (*follows word emphasized*) also, too > "**Ego quoque!**" = "Me too!"

saltem at (the very) least

sōlum only

tantum only

ubi?/ubī? where?

valdē very; really; quite

Coniūnctiōnēs
(Conjunctions)

an or (*in questions*)

aut or (*usually indicating just two alternatives*)

et and

sed but

Praepositiōnēs
(Prepositions)

ad (+ *acc*) for, to; for (*in the sense of comparison or reference:* **"Ad vīllam, magnitūdinis mediae est."** = "It's average-sized for a house.")

ex/ē (+ *abl*) (out) of, from

in (+ *abl*) in, inside, within

in (+ *acc*) into

Participia
(Participles)

conductus -a -um rented (*from* **condūcere**)

Exclāmātiōnēs
(Exclamations)

Prō deus optime! My God!, Good grief!

Vae miserō tibi! You poor thing! I'm really sorry about that! (*Literally:* "Woe to wretched you!")

valē (*pl:* **valēte**) goodbye

Locūtiōnēs
(Phrases or Expressions)

Quō colōre est?/Cuius colōris est? What color is...?

Quō animō est...? How is he/she...? (*with respect to mood*) What's his/her mood?

The ancients, especially the Greeks but also the Romans, gave much more weight to saturation or intensity ("**saturitās**") than to hue ("**chrōma**"). Because we focus much more on hue, it seems necessary to view Latin color vocabulary in a somewhat different way in order to express our modern perceptions of color. Therefore, colors are categorized here primarily according to hue.

To clarify that color and not substance is meant, it is sometimes good to use the adjective together with the word *color* in a descriptive genitive or ablative, as in **plumbeī colōris** ("lead-colored") or **strāmineō colōre** ("straw-colored" and not "made of straw").

> Adjectives ending in **-color** are frequently invented, as **caelicolor** ("sky-colored, sky-blue"). Also endings like **-āceus**, **-eus** and **-inus** are often added to noun roots to create color adjectives.

incolor -ōris colorless (*also* **achroos**)

albus -a -um dead-white, colorless

dēcolor -ōris deprived of color, faded; defaced

pallidus -a -um pale, pallid

lūridus -a -um sallow, wan, ghastly

versicolor -ōris multicolored, variegated

multicolor -ōris multicolored, variegated

discolor -ōris multicolored, variegated; jarringly *or* clashingly variegated

varius -a -um having two or more contrasting colors (*also* **variātus** *or* **variegātus**)

bicolor -ōris two-colored; black-and-white

maculōsus -a -um blotchy, spotted; veined, marbled

clārus -a -um clear (*of both of color and sound, etc.*); light

pellūcidus -a -um transparent (*also* **diaphanus**)

hyalinus -a -um clear as glass, glassy, clear and greenish (*also* **vitreus** *or* **vitricus**)

aqueus -a -um clear as water, aqueous

crystallinus -a -um crystalline, clear as ice

albus -a -um white

niveus -a -um snow-white

candidus -a -um bright white, radiant white, bleached white > **candidissimus**

alabastrinus -a -um alabaster-white

marmoreus -a -um marble-white

līlāceus -a -um lily-white (*also* **līlācinus**)

eburneus -a -um ivory white

lacteus -a -um milk(y) white; bluish white (*also* **lacticolor**)

crētāceus -a -um chalk-white, dull white, greyish white (*also* **calcāreus** *or* **gypseus**)

albicāns -antis (*or* **subalbus -a -um**) whitish, off-white; cream-colored

albidus -a -um whitish, dirty-white (*also* **albidulus, albineus, exalbidus**)

dealbātus -a -um whitened (*on a darker ground*)

argillāceus -a -um (yellowish) clayey-white

albēscēns -entis verging toward white (*from some other color*)

āter ātra ātrum (pure, lusterless) black; sable; dark; gloomy

anthracinus -a -um coal-black; black verging on blue

pullus -a -um dark, dusky, dull black (*also* **pullātus**, *which also means "dressed in dark or soiled clothes of mourning, penitence, etc."*)

furvus -a -um dark; gloomy; swarthy; black

mōrulus -a -um black, dark-colored

piceus -a -um pitch-black, earthy black, black with a hint of brown

fūlīgineus -a -um sooty, soot-colored (*also* **fūlīginōsus**)

niger nigra nigrum (*reflective or shiny*) black

coracinus -a -um raven-black, black with a strong lustre

Memnonius -a -um Moorish-black (*also* **Aethiopicus**)

nigellus -a -um blackish

nigrēscēns blackish grey (*also* **nigricāns**)

argenteus -a -um silver(y)

glaucus -a -um (light) grey; bright, gleaming; sparkling (*See also* **viridis.**)

platineus -a -um platinum-colored

cinereus -a -um (ashen) grey

cinerāceus -a -um (ashen) greyish (*lighter than* **cinereus**)

cānus -a -um light grey; hoary > **cānī** = grey hair (*also* **incānus**)

cānēscēns -entis somewhat hoary

plumbeus -a -um lead-colored

chalybēius -a -um steel-grey

fūmeus -a -um smokey-colored (*also* **fūmōsus**)

mūrīnus -a -um mouse-colored, brownish grey, taupe

fuscus -a -um dark; dim; swarthy, blackish; (dark) brown

furvus -a -um dark, dusky; gloomy; swarthy

fuscissimus -a -um very dark brown; very dim

suffuscus -a -um light brown, dull brown

avellānāceus -a -um hazel

ferrūgineus -a -um rusty brown; reddish brown

rōbīginōsus -a -um rust-colored

cinnamōmeus -a -um cinnamon

cinnabarinus -a -um cinnabar, orange-brown

mineus -a -um cinnabar

rūfēscēns -entis reddish, ruddy (*the color of lighter red hair*)

russeus -a -um russet (*also* **russātus**)

laterīcius -a -um brick-red

testāceus -a -um brick- or tile-colored

rūfus -a -um "red" (*the color of deep red hair*)

castaneus -a -um chestnut; maroon

badius -a -um chestnut-brown (*only of horses*)

spādīx -īcis date-brown, chestnut brown

hēpaticus -a -um liver-colored; dark brownish red

lūteus -a -um orange; orange-yellow, "Tuscan gold"; (darker) yellow

aurantius -a -um orange

lūteolus -a -um light orange, orange-yellow

croceus -a -um saffron-colored, orange-yellow (*also* **īnsuāsus**)

vitellīnus -a -um egg-yolk yellow

aureus -a -um golden, (made of) gold (*also* chrȳseus) (*Can describe hair.*)

aureolus -a -um golden; gilded; of the color of gold

silāceus -a -um ochre

rubrīcōsus -a -um ochre; honey gold; reddish gold

sūcinācius -a -um amber (*also* **sūcineus** *and* **ēlectricus**)

topazius -a -um topaz

melleus -a -um honey-colored

cērinus -a -um beeswax-yellow, dull yellow mixed with reddish brown

cēreolus -a -um of the color of wax

flāvidus -a -um golden-yellow; yellowish; beige

fulvus -a -um yellow-brown, golden, tawny (*lion color*); auburn

fulvaster -tra -trum light tawny, yellowish

cervīnus -a -um darker tawny, greyish brown (*deer color*)

flāvus -a -um (lighter) yellow; blond

citreus -a -um lemon-yellow (*also* **citrinus**)

sulphureus -a -um sulphur, light but vivid yellow

byssinus -a -um flaxen; the yellow of raw silk

strāmineus -a -um straw-colored, light but bright yellow (*the color of certain blond woods*)

flāvicomāns -antis and **flāvicomus -a -um** yellow-haired, blond

sufflāvus -a -um pale yellow (*also* **flavēscēns**)

flāvēns -entis and **flāvidus** light yellow; golden yellow

albogilvus -a -um whitish yellow, yellowish white

helveolus -a -um rich pale yellow (*the color of some wines*) (*also* **helvolus**)

gilvus -a -um dull greyish or brownish yellow

līvidus -a -um livid, leaden or greenish yellow; *also the colors of all contusions*: blackish, bluish, leaden, greyish

rāvus -a -um yellow-grey, greyish yellow (*sometimes used to describe the eyes of certain animals*)

rutilus -a -um fire-red, hot orange (*also* **rutilāns**)

coccineus -a -um scarlet

flammeus -a -um flame-colored, fire-red, vivid scarlet (*also* **igneus**)

burrus -a -um (fire) red (*also* **byrrus**)

mineus/miniātus/miniātulus -a -um vermillion, slightly yellowish-scarlet; cinnabar

corallinus -a -um coral, coral-red

ruber rubra rubrum *red*

haematinus -a -um blood-red

sanguineus -a -um (dark) blood-red; brownish red (*the color of dried blood*)

īnfrāruber -a -um infrared (*Modern Latin*)

purpureus -a -um (reddish) purple; (purplish) red (deeply saturated); bluish crimson. *Also* **blatteus, conchliātus, ostrīnus, phoenīceus, pūniceus,** *and* **Tyrius.** *All these words refer to the color of dyes obtained from various species of Muricidae and are usually translated as "purple" in English but seem to refer to a range of shades of crimson, i.e., a highly saturated or vibrant red, perhaps sometimes slightly tinged with blue. Again, more attention was paid to saturation than to hue.*

porphyrēticus -a -um purple-red

tyrianthinus -a -um violet-crimson, bluish crimson

amethystinus -a -um amethyst, reddish purple (*also* **amethysteus**)

hyacinthinus -a -um hyacinth, deep lilac

malvīnus/malvāceus -a -um mauve (*various shades of* pale lavender *and* orchid)

syringāceus -a -um lilac (*Modern Latin*)

orchidāceus -a -um orchid (*Late Latin*)

roseus -a -um rose-colored; (rich) pink

rosāceus -a -um pink, light pink

rubicundus -a -um ruddy; pinkish

rubidus -a -um suffused with red, blush-red (*also* **rubeus** *or* **rubēns**); reddish, dark-red

surrutilus -a -um reddish, ruddy

carnōsus -a -um "flesh-colored" (*also* **carneus** *and* **incarnātus**)

viridis -e (light) green *(the color of new leaves)*

- **galbinus -a -um** greenish yellow *(Also Late Latin* **flāvivirēns,** *which is used esp. in biology, and* **cartūsiānus,** *i.e., chartreuse. For pale greenish yellow perhaps also* **chlōrus,** *from Greek.)*
- **oxypaederōtinus -a -um** opal, light misty green
- **thalassinus -a -um** light sea-green
- **muscāceus -a -um** moss-green, pale green

prasinus -a -um leek-green, dark green *(also* **porrāceus)**

- **smaragdinus -a -um** emerald-green
- **herbāceus -a -um** grass-green *(also rarely* **herbeus** *and* **grāmineus)**
- **olīvāceus -a -um** olive-green, dull medium green
- **ātrivirēns -entis** very dark, blackish green *(also* **nigrivirēns** *if shinier)*

callaïnus -a -um teal, blue-green

- **aerūginōseus -a -um** verdigris-green, bluish deep green *(On iron; however, this can refer to rust color.)*
- **aquamarīnus -a -um** aquamarine *(Later Latin)*
- **aquāticus -a -um** aqua
- **venetus -a -um** deepest blue-green; deep greenish blue; dark teal
- **lapidis lazulī (color)** lapis, lighter teal *(Later Latin; also* **lazulinus)**
- **turcicus -a -um** turquoise, light greenish blue *(Late Latin; also* **turcōsus** *and* **turcoïsinus)**

glaucus -a -um (pale) sea-green, dull bluish green *(See also under* **argenteus.** *This originally Greek word seems to refer more to paleness or, sometimes, brightness rather than to one specific hue. It can also signify a pale or dull yellow.)*

caesius -a -um light blue, sky-blue; blue-grey

- **cobaltinus -a -um** cobalt, pale blue
- **caelestis -is -e** (lighter) sky-blue *(also* **caelicolor)**

caeruleus -a -um (deeper) blue, true blue

- **āeroīdēs -ae** of the color of the air, sky-blue
- **cūmatilis/cȳmatilis -e** sea-blue *(the color of ocean waves)*

cȳaneus -a -um dark blue, deep-sea blue, Prussian blue

- **venetus -a -um** deepest green-blue; deep blue-green
- **cȳanāter -tra -trum** blue-black *(Late Latin, used in science)*

vīnāceus -a -um grape-colored, (blue-)purple *(also* **vīnicolor)**

- **lavandulāceus -a -um** lavender, light pinkish purple *(Modern Latin)*
- **violāceus -a -um** (dark) violet; (bluish) purple
- **ïanthinus -a -um** violet-blue; blue-violet *(cf.* **tyrianthinus)**
- **indicus -a -um** very dark slightly purplish blue, indigo *(Late Latin)*
- **ātriviolāceus -a -um** blackish purple *(Late Latin, used in science)*
- **ultrāviolāceus -a -um** ultraviolet *(Modern Latin)*

"Quō colōre est domicilium tuum?"

"Quāle est domicilium tuum?"

> ***Exempla:*** I. Ubi habitās tū?
>
> II. Ego in vīllā (in domō) habitō.
>
> I. Quō colōre est vīlla tua (domus tua)?
>
> II. Vīlla/Domus mea prasina est et ōrnātus niger.

1. Quō colōre est aedificium tuum?

2. Quō colōre est dormītōrium tuum?

3. Quō colōre est condominium tuum/īnsula tua?

4. Cuius colōris est trīclīnium tuum?

5. Cuius colōris est tablīnum tuum?

6. Quālis est culīna tua?

7. Quāle est raedārum tabernāculum tuum?

8. Quāle est balneum tuum?

9. Quālis sellāria tua?

10. Quālis oecos familiāris?

ARCHITECTONICA
(Architecture)

Aedificia et Domicilia
(Buildings and Dwellings)

aedēs -is building (*for habitation*), dwelling, abode (*often used in plural,* **aedēs -ium** *fpl* = home, residence)

aedificium -ī building, structure, edifice

casa -ae cabin, cottage, small house

equīle -is *n* (horse) stable; (*cf.* **stabulum -ī** = a stall or sleeping place for animals or people)

diaeta -ae room > **diaeta (conducta)** = (rented) apartment (*also* **cēnāculum** = "garret")

domus -ūs *f* (town)house

īnsula -ae (high-rise) apartment house

horreum -ī barn

stabulum -ī quarters, lodging, a place to sleep (*for people or animals*) > **(raedārum) stabulum** = garage (*also* **tabernāculum**)

taberna -ae stall; booth; shed; workshop; inn; tavern; shop; store

vīlla -ae villa, country/suburban house; lodge

Conclāvia et Domūs Partēs Praecipuae
(Rooms and Main Parts of House)

āla -ae sideroom; alcove; small wing (*cf.* **membrum**)

andrōn -ōnis *m* hallway

apothēca -ae storeroom

appendix -icis *f* penthouse (*also* **appendicium**)

ātrium -ī entry-hall; foyer; atrium (*esp. when containing a skylight*); lobby

cella -ae storeroom; (**in hypogaeō**) cellar; storage closet > **cella cibāria** (*or* **penus cibārius**) = pantry > **cella lavandāriōrum** = laundry room > **cella pōtōria** = bar > **cella vestiāria** = walk-in closet

cēnāculum -ī (small) apartment, garret (*also* **tabulātum** = a flat)

cēnātiō -ōnis *f* dining room (*in which people sit at tables*)

claustrum -ī storage area (*especially if it can be locked*); storeroom; storage shed; storage area for food or drink; lock (*also* **sera**) > **claustrum pōtibus** = bar

conclāve -is *n* (lockable) room; restroom, bathroom > **conclāve scholāre** = classroom

cubiculum -ī bedroom; room

fabrica -ae artisan's workshop; studio

hospitium -ī guest room; guest quarters

hypogaeum/hypogēum -ī basement; cellar; underground vault (*also* **concamerātum**)

lātrīna -ae bathroom > **lātrīnicula** = "half bath"

maeniānum -ī balcony

mediānum -ī living room, parlor (*also* **exedrium** *or* **sellāria**, *which is a "sitting room"*)

membrum -ī (*major*) wing (*of building*) > **membrum astructum** = addition

oecos -ī room, chamber, salon (*in a house, esp. for some special function, such as* **oecos familiāris, oecos lūdicer,** *etc.*)

oecos lūdicer, -ī -crī game room

officīna -ae workroom/workshop; workplace; office; laboratory; factory (*i.e., any enclosed place where work is done*)

(ōstium) antīcum, (-ī) -ī front door

pedeplāna/pediplāna -ōrum ground floor

pergula -ae porch; covered patio; veranda; lanai; arbor, pergola > **pergula solūta** =

gazebo; pavilion (**pāpiliō** *m* = general's "pavilion," *i.e.,* large tent)

promptuārium -ī storeroom, storage area; cabinet

stabulum -ī *(simple)* sleeping quarters *(for animals or people)* > **(autoraedārum) stabulum/tabernāculum** = garage

sūdātōrium -ī sweating room; sauna > **sūdātōrium Lacōnicum** = Turkish bath

tablīnum -ī study, office *(esp. in house)*

tepidārium -ī *(heated)* swimming pool

trīclīnium -ī *(private)* dining room *(properly speaking, in which diners recline on couches)*

vestībulum -ī front hall; vestibule

vestiārium -ī clothes chest; *(built-in)* closet

zōthēca -ae alcove, niche, recess *(also* **āla** *or* **aedicula)**

Aedificiōrum Apparātūs et Elementa Generālia
(Architectural Features and Elements)

abacī -ōrum wainscoting; molding

aedicula -ae niche *(also* **recessus** *or* **zōthēca)** > **aedicula/recessus iēntāculāris** = breakfast nook

anabathrum -ī elevator *(also* **cella scānsōria)**

(iānuae) ānsa -ae door handle

(iānuae) bulla -ae doorknob

caelum -ī ceiling *(of an arch or dome) (cf.* **tēctum)**

camīnus -ī fireplace; chimney > **antepagmentum camīnī** = fireplace mantel

cancellī -ōrum *(window)* grating

cēnāculum -ī loft *(also* **tabulātum)**

colliciae/colliquiae -ārum rain gutter(s)

columna -ae column

contabulātiō -ōnis *f* paneling > **pariēs contabulātus** = a paneled wall

contignātio -ōnis *f* floor, storey *(See also* **tabulātum.)**

cornīx -cis *f* door-knocker

corōna -ae cornice *(over doors:* **hyperthyrum)** > **opus corōnārium** = (upper) molding

epimēdion -ī bannister; handrail

fastīgium -ī gable, pediment; level; summit, top

fenestra -ae window > **fenestra clātrāta** = barred/grated window

fenestra lignea, -ae -ae window shutter *(also* **foricula)**

fenestra rēticulāta, -ae -ae window screen *(also* **fenestrae rēticulum** *or* **cōnōpēum fenestrae)**

fenestrae pluteus, -ae -ī windowsill

focus -ī fireplace, hearth *(cf.* **focus culīnārius, camīnus.)**

foricula -ae shutter *(also* **fenestra lignea)**

fornix -cis *m* arch, vault

frōns -tis *f* façade

fūmārium -ī chimney *(also* **fūmiductus** -ūs *m)*

hyperthyrum -ī cornice *(of door)*

iānua -ae door *(double doors =* **valvae)** > **iānua dēcidua** = trapdoor

intercolumnium -ī space between columns

lacūnār -āris *n* inset in ceiling; paneled ceiling *(also used in plural in this sense; also* **laquear** -is *n* and **laqueāria** -ium *npl)*

māteria impervia, -ae -ae insulation > **māteriā imperviā opertus** *or* **intrōrsus obductus** *or* **impervius factus** = insulated

mūrus -ī *(outside)* wall

ōstium -ī doorway > **(ōstium) antīcum/postīcum** = front/back door(way)

pariēs -etis *m (inside)* wall

pavīmentum -ī pavement; *(hard)* floor *(cf.* **tabulātum)** > **pavīmentum tesselātum** = mosaic floor (mosaic = **emblēma** -atis *n* or **lapillī** *mpl)*

phōtagōgus *m* **tēctī,** -ī -ī *(also* **tēctī fenestella)** skylight

porta -ae gate(way), entrance

proiectūra -ae ledge

replum -ī doorframe

scālae -ārum *(flight of)* stairs **(gradus** -ūs = step) > **"Scālīs habitō tribus."** = "I live on the fourth *(third outside US)* floor."

scālārium -ī staircase

scandula **-ae** shingle; roof tile

solum **-ī** ground; *(in building)* floor *(cf.* **pavīmentum** *and* **tabulātum**)

specula **-ae** watchtower, turret *(also* **turricula**)

specular **-āris** *n* window pane

spīrāculum **-ī** vent *(also* **spīrāmentum**)

suggrunda **-ae** eaves *(also* **suggrundium**)

tabulātum **-ī** floor, storey; wooden floor > **pavīmentum contabulātum** = wood flooring > **tabulātum tessellātum** = parquet

(opus) tēctōrium, (-eris) **-ī** plaster; stucco > **gypsāre** = to plaster

tēctum **-ī** roof; *(interior)* ceiling; shelter; quarters

tēgula **-ae** roof tile; shingle

tessera **-ae** tile *(for kitchens, bathrooms, paving, etc.)*

tholus **-ī** cupola, dome *(also* **hēmisphaerium**)

(iānuae) tintinnābulum, (-ae) **-ī** (door)bell

trabs **-is** *f* rafter *(also* **tignum**)

valvae **-ārum** double doors

EXTERIORA
(Exterior Elements)

aula **-ae** courtyard; court; atrium

(raedārum) aditus, (-ārum) **-ūs** driveway (**aditus** = entry)

ambulātiō **-ōnis** *f* walkway, promenade *(See* **xystum**.*)*

arbusculae topiāriae, **-ārum -ārum** shrubs, shrubbery *(also* **fruticētum**)

ārea **-ae** (court)yard > **ārea antīca** = front yard > **ārea postīca** = back yard > **ārea laterālis** = side yard > **ārea statīva** = parking lot

aspersōrium (hortulānum), **-ī (-ī)** (lawn/garden) sprinkler

caespes **-itis** *m* turf; sod; *(section of)* lawn

colliciae/colliquiae **-ārum** rain gutter(s)

canālis **-is** *m* gutter *(in street, etc.)* (**canālis frēnum/margō** = curb)

crepīdō **-inis** *f* sidewalk

excipulum purgāmentārium, **-ī -ī** trash/garbage can/container

flōrālia **-ium** *npl* flower garden(s)

fōns fontis *m* spring; fountain > **fōns fabricātus** (fountain) > **fōns nātūrālis** (spring) > *(cf.* **scatūrīginēs** *fpl* = springs)

(h)olerārium **-ī** vegetable-garden; kitchen-garden *(also* **holerētum**)

hortus **-ī** flower garden > **hortī** = pleasure garden > **hortī pūblicī** = (public) park

īnstrūmentum calefactōrium, **-ī -ī** heater *(also* **apparātus calefactōrius**)

natābulum *or* natātōrium **-ī** swimming pool *(See also* **piscīna** *and* **tepidārium.**)

peristȳl(i)um **-ī** enclosed courtyard, peristyle, covered colonnade

piscīna **-ae** fish-pond; decorative pond; (swimming) pool *(also* **natābulum** *or* **natātōrium**)

porticus **-ūs** *f* portico, colonnade

prātulum/prātum **-ī** lawn

prōspectus **-ūs** view *(out on a landscape, etc.)*

rosētum **-ī** rose garden

(autoraedārum) statiō **-ōnis** *f* *(usual)* parking spot; carport

saepīmentum **-ī** fence; hedge

saeptum **-ī** fence; enclosure (**saeptum canīnum** = dog's yard)

sēmita **-ae** path, way, trail

solum **-ī** ground *(also* **pavīmentum**)

spīrāculum **-ī** vent

tepidārium **-ī** tepid bath; place for bathing in tepid water *(may also be used for a heated swimming pool)*

terrēnum **-ī** land *(real estate)*

thermae intimae, **-ārum -ārum** hot tub *(also* **cal(i)dārium verticōsum, lavātiō verticōsa** = jacuzzi)

xystum/xystus **-ī** walkway, (unpaved) open colonnade

SUPELLEX ET AFFIXA
(Furnishings, Appliances, etc.)

Inaedificāta sīve Fixiōra
(Built-in or Fixed)

abacus -ī plank; cupboard; sideboard; shelf *(for exhibiting items)*; *(decorative)* wall panel; counter

aulaeum -ī heavy curtain, drape

   cortīna -ae curtain

   vēlum -ī sheer or lace curtain

   trānsenna -ae blind(s); *(outside)* lattice > **trānsenna versātilis** *s* = Venetian blind

charta parietālis, -ae -is wallpaper

īnstrūmentum calefactōrium, -ī -ī heater *(also* **apparātus calefactōrius***)*

natātōrium -ī swimming pool *(cf.* **piscīna***)*

pēgma librārium, -atis -ī *n* bookcase *(also* **librōrum armārium***)*

penus -ūs *m/f* cupboard, cabinet; pantry

pluteus -ī bookshelf

speculum -ī mirror

tabula dēsultōria, -ae -ae diving board

tenāculum manutergiīs, -ī -īs towel rack

valvae -arum double doors *(folding or otherwise)* of a closet or piece of furniture or room

Solūta
(Freestanding)

arca -ae trunk; chest; hamper (**arca nummāria** = safe)

archisellium -ī chair *(with back, esp. if rounded)*

armārium (loculātum), -ī (-ī) chest *(for clothes or other items)*; dresser; bookcase > **āctōrum armārium** = file cabinet *(See also* "**scrīnium**.") > **armārium/promptuārium culīnārium** = kitchen cabinet/cupboard *(also* **penus -ūs** *m/f*) > **loculus (reciprocus)** = drawer *(also* **forus reciprocus***)*

bisellium -ī *(elegant)* loveseat; *(fine, large)* armchair; seat of honor

candēlābrum -ī candlestick > **candēlābrum multiplex** = candelabra > **candēlābrum pēnsile** = chandelier

capsa -ae *or (if smaller)* **capsella** *or* **capsula** small box or chest > **capsella/capsula gemmāria** = jewel box > **pūblicī cursūs capsa** = mailbox

cathedra -ae *(padded)* chair, armchair

cervīcal -ālis *n* pillow > **involucrum cervīcālis** = pillowcase

   pulvillus -ī *(small)* cushion

   pulvīnar -āris *n (large, fancy or ceremonial)* cushion; *(cushioned)* easy chair > **pulvīnar recumbātōrium** = recliner *(also* **sella reclīnātōria***)*

   pulvīnus -ī cushion

fulcrum -ī leg *(of a piece of furniture)*

hōrologium -ī clock

lectus -ī couch > **lectus cubiculāris** = bed

   acclīnātōrium -ī headboard

   cubīle -is bed *(cf.* **lectus***)*

   culcita -ae mattress; *(***lōdīcis vice fungēns***)* "quilt" *(a thinner Roman mattress used as a blanket)*

   cūnae *fpl or* **cūnābula** *npl* crib *(also* **praesaepe/praesēpe -is** *and* **praesaepium/praesēpium***)*

   grabātus -ī cot

   īnstrāgulum -ī bedspread *(See* **opertōrium** *and* **peristrōma**.*)*

   lōdīx -īcis *f* blanket

   opertōrium -ī bedspread *(also* **īnstrāgulum, peristrōma***)* > **centō centōnis** *m* = (crazy) quilt *(also* **opertōrium acū pūnctum***)*

   strāgulum -ī (throw-)rug; coverlet; pad > *(***strāgulum***)* **linteum** = bedsheet > **strāgula** *pl* = bedclothes, bedding > **strāgulum spūmōsum** = foam pad *(also* **culcitula spūmōsa***)*

matta līmenālis, -ae -is *(front door)* welcome mat (*also* **storea ōstiī**)

mēnsa -ae table > **mēnsa scrīptōria** = desk > **mēnsa cēnātōria/escāria** = dinner table

mēnsula -ae small table (**mēnsula cubiculāris** = nightstand)

mēnsula caffeāria/coffeāria, -ae -ae coffee table (*also* **mēnsa pōtibus**)

mūscipulum -ī mousetrap

pariēs intergerīvus, -etis -ī *m* partition, screen (*also* **dissaeptum**)

pictūra -ae painting; picture

scabellum -ī low stool, footstool, ottoman (*also* **suppedāneum**)

scamnum -ī bench

scirpiculus (purgāmentārius), -ī (-ī) waste(paper) basket

scrīnium -ī (librīs) bookcase; (**chartīs**) filing cabinet; cabinet *(for books and papers)*

sella -ae chair *(esp. backless)*; stool; seat > **sella volūbilis** = swivel chair

sponda -ae couch, sofa; frame *(of couch or bed)*

stibadium -ī semicircular couch; sectional

storea balneāris, -ae -is bathmat

storea ōstiī, -ae -ī doormat

subsellium -ī bench; pew

supellex -ectilis *f* (abl = **supellectile/-ī**) furniture, furnishings

tōmentōsus -a -um padded; upholstered (*also* **pulvīnātus**)

tapēte -tis *n* (pl. **tapētia**) or **tapētum -ī** carpet; *(on wall)* tapestry, hanging > **tapēte villōsum** = shag carpet > **tapēte prō pavīmentō strātum** = wall-to-wall carpeting (*also perhaps* **tapēte pavīmentārium/continuum**)

RES PLUMBARIA
(Plumbing)

aēnum caldārium, -ī -ī water heater

aquālis -is *m/f* wash basin; sink

aquimināle -is *n* bathroom sink (*also* **aquiminārium, trulleum, malluvium**)

caldārium -ī hot bath; hottub > **caldāria verticōsum** = jacuzzi (*See also* **thermae.**)

epitonium -ī faucet

fistula -ae *(water)* pipe; faucet (*which is also* **sīpunculus,** *qv*)

fōns fontis *m* spring; fountain (**fōns fabricātus** = fountain; **fons nātūrālis** = spring; **scatūrīginēs** *fpl* = springs)

fūsōrium -ī kitchen sink

lābellum (pertūsum), -ī -ī sink *(any sink, including kitchen sink)*

lābrum -ī bathtub (*also* **pyelus** *or* **solium**)

lasanum -ī toilet *(fixture)*, commode; chamber pot (*Some also say* **sella familiārica.**)

lavātiō pluvia, -ōnis -ae shower (*also* **balneum/lavācrum pluvium**)

pyelus -ī basin; bathtub; vat

rēs plumbāria, -ī -ae plumbing

scaphium -ī bidet

sīpunculus -ī spout, nozzle (*also* **sīphō sīphōnis** *m*)

solium -ī bathtub (*also* **pyelus** *or* **lābrum**)

trulleum -ī bathroom sink (*also* **malluvium** *et al*)

vapōrārium -ī radiator

APPARATUS ELECTRICUS
(Electrical)

āëris temperātōrium, -ī air-conditioner (*more formally* **īnstrūmentum āërī temperandō**) > **āëris temperātiō** = air-conditioning *(process)*

capsa -ae (contactūs ēlectricī) electric wall-socket

clībanus mīcrocȳmaticus, -ī -ī microwave oven (*also perhaps* **furnulus mīcroündārius**)

conchae audītōriae/audītīvae/acūsticae, -ārum -ārum headphones, headset > **conchulae audītōriae** = small headphones, earbuds (*also* **gemmae,** *qv*)

congelātōrium (īnstrūmentum), -ī (-ī) freezer

dīrēctōrium -ī router

disculophōnium -ī compact disc player >
  disculus -ī or **discus compāctus/dēnsus/
  capācior/mūsicus** = CD

epistomium (ēlectricum), -ī (-ī) light switch

focus (ēlectricus), -ī (-ī) stove > **focus
  gāsālis** = gas stove

fūnis ēlectricus, -is -ī m electrical cord

furnus -ī oven > **fornāx -ācis** f = furnace;
  (large) oven; kiln

gemmae audītōriae, -ārum -ārum ear buds

grammophōnium -ī record player (for vinyl)

lampas -adis (ēlectrica) f light bulb (less
  formally **globulus ēlectricus**)

lanterna/lāterna -ae lamp; lantern >
  lanterna/lāterna ēlectrica = electric
  lamp

(vāsōrum) lavātōrium -ī dish-washing
  machine (also **māchina ēlūtōria**)

(vestium) lavātōrium -ī (clothes-) washing
  machine (also **māchina lāvātōria** or
  māchina vestium lāvandārum)

lucerna -ae lamp; light; (in pariete) wall-
  light; (pēnsilis) hanging/swag lamp or
  ceiling light

lychnus -ī lamp; light > **lychnus manuālis**
  (also perhaps **manuāle lampadium
  ēlectricum** or **taeda**) flashlight > **lychnus
  līmenālis -ī -is** front door light, porch
  light

māchina respōnsōria, -ae -ae answering
  machine (also **respōnsōrium
  telephōnicum**)

pulveris haurītōrium, -ī vacuum cleaner
  (also **aspīrātōrium** or **pulveritractōrium**)

radiophōnium -ī radio

refrīgerātōrium -ī refrigerator (also
  frīgidārium)

rēte ēlectricum, -is -ī electrical wiring

(vestium) (īnstrūmentum) siccātōrium -ī
  (clothes-) dryer

spīna ēlectrica -ae -ae electric plug (also
  perhaps **obturāmentum ēlectricum**)

stereophōn(i)um -ī or **apparāratus
  stereophōnicus, -ūs -ī** stereo (system)

telephōn(i)um -ī telephone

**televīsōrium/televīsificum
  (īnstrūmentum), -ī (-ī)** television set (cf.
  televīsiō -ōnis f the television medium) >
  **Televīsōrium accendō ut televīsiōnem
  spectem.** = I turn on the TV set to watch
  television. > **televīsōrium/televīsiō
  māximē resolvēns** = high definition TV

tostōrium -ī toaster

trānsmodulātōrium -ī modem

VEHICULA DOMESTICA
(Personal Vehicles)

axula (rotālis gubernābilis), -ae (-is -is)
  scooter

birota -ae bicycle > **birota montivaga/
  montāna** = mountain bike > **birota
  cursōria** = racing bike > **birota automata/
  automatāria** = motorcycle (informally
  "autobirota")

clābulāre -is n vehicle for transporting
  people/soldiers > **clābulāre interversāns**
  = shuttle > **clābulāre rūsticum** = SUV >
  clābulāculum (familiāre) = minivan >
  Astacus = Hummer

petōritum -ī station wagon (in ancient times a
  four-wheeled carriage more open than a
  raeda)

plaustrum automatum truck (also
  autocīnētum onerārium) > **plaustrulum
  automatum** = pick-up truck > **currus
  helciārius/remulcārius** = tow-truck >
  plaustrum tractōrium = tractor (**currus
  tractōrius** = locomotive)

raeda -ae car, automobile (Also **autocīnētum**.
  Some use the spurious word **autoraeda**.) >
  raeda cursōria = sportscar > **raeda
  "lacertōsa"** = "muscle car"

tabula (sub)rotāta, -ae -ae skateboard

trirota -ī tricycle

ūnirota -ae unicycle (also **singulirota**)

ADIECTIVA ALIQUOT AD DOMICILIA DESCRIBENDA
(Some Adjectives for Describing Dwellings)

Dē Meliōribus vel Amoeniōribus
(Nicer or More Pleasant)

amoenus -a -um charming, pleasant

amplus -a -um spacious

capāx -ācis large enough (for + *gen*), spacious

commodus -a -um comfortable, cozy >
  commodulus = quite cozy, cute, "comfy";
  gemütlich

comptus -a -um neat; cute; quaint

concinnus -a -um symmetrical; beautiful;
  polished; elegant

ēlegāns -antis elegant

grātus -a -um satisfying, pleasing, welcome

iūcundus -a -um charming, pleasant

lautus -a -um neat, fine; elegant, grand,
  distinguished; sumptuous, fancy, "first
  class"

mundus -a -um clean, neat; elegant

nitidus -a -um bright, shining, well lit;
  smooth; smart; sleek

scītus -a -um clever; nice; elegant; "hip," "in"

spatiōsus -a -um spacious

splendidus -a -um bright, clear, radiant;
  splendid; illustrious

Dē Peiōribus Iniūcundiōribusve
(Less Nice or Unpleasant)

angustus -a -um narrow, cramped

arcessītus -a -um strained, far-fetched,
  forced

dēfōrmis -e misshapen, disfigured, ugly

exiguus -a -um tiny

foedus -a -um hideous, revolting, vile

obsolētus -a -um out-of-date, old-fashioned,
  obsolete

pūtidus -a -um rotten, rotting; foul;
  offensive; tiresome

restrictus -a -um cramped

ruīnōsus -a -um dilapidated

sordidus -a -um dirty; dingy; discolored;
  shabby

turpis -e ugly; deformed; unsightly

Dē Mediocribus Mixtīsque
(Average and Mixed)

antīquus -a -um ancient; old-fashioned

errāticus -a -um rambling

īnsolitus -a -um unusual; strange

hodiernus -a -um modern

obscūrus -a -um dark

perflābilis -e airy, open to the air

proprius -a -um characteristic of (+ *gen*) >
  **sexāgēsimōrum/septuāgēsimōrum
  annōrum proprius** = "right out of the
  Sixties/Seventies"

rārus -a -um unusual, quaint

EXERCITATIO II

"Ubi est cubīle?"

> *Exempla:*   I. Ubi est cubīle?
>
>   II. Cubīle est in cubiculō.

1. Ubi est raeda?
2. Ubi est furnus?
3. Ubi est mēnsula caffeāria?
4. Ubi est peristȳlum?
5. Ubi est lavātiō pluvia?
6. Ubi est birota?
7. Ubi est tēlevīsōrium?
8. Ubi est tēlephōnium?

9. Ubi est bisellium?
10. Ubi est mēnsa escāria?
11. Ubi sunt fenestrae?
12. Ubi est lasanum?
13. Ubi est caespes?
14. Ubi sunt scrīnia?
15. Ubi sunt abacī?
16. Ubi sunt specula?   *Etc.*

EXERCITATIO III

"Habēsne computātōrium?"/"Estne tibi* computātōrium?"

> *Exempla:*   I. Habēsne computātōrium?/Estne tibi computātōrium?
>
>   II. Ita. Computātōrium in cubiculō habeō./Mihi est in cubiculō computātōrium.
>
>   I. Natābulum habētis?
>
>   II. Minimē. Natābulum nōn habēmus.
>
>   I. Habetne fabricam māter tua?
>
>   II. Ita. Fabricam habet.

1. Habēsne birotam?
2. Holerāriumne habent parentēs tuī?
3. Habētisne fontem?
4. Quot latrīnās sīve balnea habētis?
5. Disculophōnium habēs?
6. Et parentēs?
7. Habētisne thermās intimās?

8. Habetne pater tuus raedam an plaustrum an clābulāre?
9. Quot vehicula habētis?
10. Quot tabulāta habet domus tua?
11. Estne hypogēum in vīllā tuā?
12. Ubi lūdōs computātōriōs habēs?
13. Quot ōstia habet vīlla tua?
14. Habētisne claustrum pōtibus? *Etc.*

*dative of possession

"Hīc habitō ego."

Ūnā cum ūnō duōbusve aliīs discipulīs aliquot ex illīs imāginibus spectā quae in pāginā 24 positae sunt ac tē ibi habitāre finge animō. Comitī fictum hoc domicilium tuum vītamque tuam ibi āctam dēscrībe. Comes fictiōnem tuam magistrō posteā nārrābit.

Together with one or two other students look at the pictures on page 24 and imagine that you live(d) in each place. Describe to your partner your pretend residence and the life you lead there. Later, your partner will describe to the teacher what you have imagined.

"Quāle est domicilium perfectum?"

Exempla:	I. Quāle est domicilium perfectum?
	II. Duo natābula habet, et hortum magnum. Sunt in vīllā etiam oecus lūdicer et tēlevīsōria multa...
	I. Quāle est domicilium perfectum?
	II. Domicilium perfectum nōn domus sed condominium est in appendice īnsulae magnae. Valdē amplum est et prospectūs optimōs habet...
	I. Quāle est domicilium perfectum?
	II. Vīlla rūstica est et magnum agrum habet. Equīlia habet et horreum valdē amplum.

1. **in promptū**: at hand, in readiness, "handy"; available; obvious, in evidence; easy (*cf.* **praestō** and **ad manum**: at hand, ready; available) > **Estne nōbis serra in promptū?** = Do we have a saw handy? [*lit: Is there a saw at hand for us?*] (**Nōbīs** *is in the dative case.*)

2. **ratiōnem dūcere/habēre** (+ *gen*): to have regard for, to be concerned about > **Sauciōrum aegrōrumque ratiōnem habēre dēbēmus omnēs.** = We should all be concerned for the wounded and the sick.

3. **etiam atque etiam**: again and again (*also* **iterum iterumque**) > **Michaēl vīllam suam etiam atque etiam pingit.** = Michael keeps painting his house over and over again.

4. **nisi/nī fallor**: unless I'm mistaken > **Iacōbus, nisi fallor, in Angliam migrāre cupit.** = Unless I'm mistaken, Jim wants to move to England.

5. **sē iactāre**: to waver, fluctuate; to throw oneself around; to behave ostentatiously, brag; to be officious > **Geōrgius sē interdum iactat quod vīlla eius tam lauta est.** = George sometimes brags because he lives in such a fancy house.

6. **iuvat mē**: I'm made glad, I enjoy > **Fābulās audīre mē iuvat.** = I enjoy hearing stories.

7. **Itane?/Ain'?**: Really? > **—Flāvia convīvium abrogāre vult! —Itane? Cūrnam?"** = —Flavia wants to call off her party. —Really? How come?

8. **Quid novī?**: What's new? > **—Quid novī, Diāna? —Haud multa.** = What's new, Diane? —Nothing much.

9. **contrā/praeter opīniōnem**: contrary to expectation > **Lucius praeter opīniōnem Latīnē discit!** = Contrary to expectation, Lucius is learning Latin!

10. **Mehercle!/Hercle!/Mehercule!/ Merherculēs!**: By Hercules! > **Istum mehercle minimē amō!** = Believe you me, I feel no affection for him!

11. **ante tempus**: too soon, early > **Ad concentum sānē paulō ante tempus advenīre volumus.** = Of course we want to get to the concert a little early.

12. **ad tempus**: at the right time; for the moment (*cf.* **ad hōram, tempestīvē**: on time) > **Michaēl rārō ad tempus trādit pēnsum.** = Michael rarely hands his homework in on time.

13. **ex tempore**: on the spur of the moment; to suit the circumstances > **Ōrātiōnem ex tempore habēre nōn valeō.** = I'm unable to give an extemporaneous speech.

14. **meā (quidem) sententiā**: in my opinion (*also* **meō iudiciō, ut mea fert opīniō, meō animō**) > **Meā quidem sententiā, diaeta nostra nimis parva est.** = In my opinion, our apartment is too small.

15. **in prīmīs** *or* **imprīmīs**: in the front line; especially = **Vīlla tua—imprīmīs cubiculōrum dispositiō— mē dēlectat!** = I love your house, especially the layout of the rooms!

16. **quod sciam**: as far as I know *also* **quoad sciō/sciam** > **Nūlla, quod sciam, vīcīniae nostrae vīlla violācea est.** = As far as I'm aware there's no purple house in our neighborhood. (**Sciam** *is in the subjunctive mood,* **sciō** *indicative. Either can be used with* **quoad**. (*See* Lingua Latīna, *ch. xxviiff.*)

17. **ad summam**: in short; in conclusion; in fact > **Lectum, vestēs, librōs, computātōrium, disculophōnium discōsque...ad summam, omnia mea in dōrmitōriō habeō meō.** = In my bedroom I have my bed, my clothes, my books, my computer, my CD player and CDs...in short, all of my things.

18. **in summā**: in all, all together, all told; after all > **Sunt in vīllā eius in summā quattuor lātrīnae.** = In her house there are four bathrooms all together.

19. Salva rēs est!: All is well! Everything's fine/cool! > **Salva rēs est! Anna tandem diaetam habet!** = Everything's fine! Anna finally has an apartment!

20. in animō habēre: to intend, have in mind > **Mēnsam escāriam novam emere in animō habēmus.** = We intend to buy a new dining-room table.

EXERCITIUM

Singulīs paucīsve sententiīs locūtiōnēs quās didicistī tālī modō ūsurpā ut sit significātiō manifesta.

(In one or a few sentences, use the expressions you have learned in such a way as to make the meaning clear.)

1. in promptū: _____

_____

_____

2. ratiōnem dūcere/habēre (+ *gen*): _____

_____

_____

3. etiam atque etiam: _____

_____

_____

4. nisi/nī fallor: _____

_____

_____

5. sē iactāre: _____

_____

_____

6. iuvat mē: _____

_____

_____

7. Itane?: _____

_____

_____

8. Quid novī?: _____

_____

_____

9. contrā/praeter opīniōnem: _____

_____

10. Mehercle!/Hercle!/Mehercule!/Meherculēs!: _____

_____

11. ante tempus: _____

_____

12. ad tempus: _____

_____

13. ex tempore: _____

_____

14. meā (quidem) sententiā: _____

_____

15. in prīmīs: _____

_____

16. quod sciam/quoad sciō: _____

_____

17. ad summam: _____

_____

18. in summā: _____

_____

19. Salva rēs est!: _____

_____

20. in animō habēre: _____

_____

Trēs amīcī in thermopōliō colloquuntur.

Angela: Quid vōs igitur in tēlevīsiōne spectātis?

Elīas: Ego rārō spectō quod sorōrēs paene semper mȳthistoriās tēlevīsificās spectant, neque proprium tēlevīsōrium habeō.

Iūlius: Apud nōs similis est condiciō, sed ego spectācula mihi acceptissima in i-Tabellā spectāre soleō.

Angela: Nōnne autem tālēs tabellae pretiōsae sunt?

Iūlius: Ita quidem, sed avunculus mihi dedit.

Elīas: Avunculus dīves. Fēlīx condiciō!

Angela: Ego utcumque ad tēlevīsiōnem haud vacō!

INTERROGATIONES DE SERMONE

1. Quid faciunt amīcī? **2.** Vbi? **3.** Cūr Elīas tantum rārō tēlevīsiōnem spectat?
4. Quōmodo spectat Iūlius tēlevīsiōnem? **5.** Quid habet Iūlius? **6.** Quī fit ut habeat? **7.** Spectatne Angela tēlevīsiōnem? **8.** Cūr?

Photo credits: **Roman board game from Calleva Atrebatum** (pottery floor tile) by BabelStone *(cropped from original)*; **Boys play chess on the street, Cuba** by Adam Jones, adamjones.freeservers.com. *Source:* Wikimedia, CC BY 3.0. **Chisholm vs Chisholm** by Rose *(used by permission).*

Apud familiam Philippidem

Māter: Adhūc in lectō es, Brenne? Surge dum!

Brennus sē nōn movet. Nihil dīcit.

Māter: Brenne mī, quidnī surgās? Diēs Sātūrnī est. Lucunculōs parāmus ego et soror tua.

Brennus: Heu! Nōlō surgere, mātercula! Fessus sum.

Māter: Nōs autem hodiē multa facere oportet: culīnam purgāre; pavīmenta verrere; supellectilem dētergēre. Tū etiam raedam lavāre dēbēs et raedae stabulum purgāre necnōn et caespitēs dēmetere.

Brennus: Eheu! Morī volō! Sed cūr pater nōn... ?

Māter: Pater tuus Chicāgī est, ex negōtiīs. Nōnne meministī?

Brennus: Ei periī miser! Iam meminī! Quārēnam pater tot itinera facere dēbet?!

Māter nihil respondet. Paucīs post minūtīs Brennus, synthesī dormītōriā adhūc vestītus, culīnam intrat.

Silvia: Bonum diem, Brenne!

Brennus: Quid bonum'st?

Silvia: Quīn, fīnis septimānae est! Domī sum!

Brennus: Tū domum ab athēnaeō tantum venīs quod māter bene coquit.

Silvia: Profectō! *Subrīdet et mātrem spectat.*

Māter: Silvia autem multum mē domī adiuvat. Hodiē omnia strāgula lavāre vult, hypogēum ōrdināre, vestīmenta vetera colligere et ad Societātem Bonae Voluntātis ferre. Posteā apud Viam Tūtam obsōnāre dēbēbimus, nam crās domum veniet pater tuus et eī cēnam optimam parāre volumus.

INTERROGATIONES DE SERMONE

1. Ubi est Brennus? **2.** Cūr nōn statim surgit Brennus? **3.** Quid hodiē Brennum facere oportet? **4.** Ubi est Brennī pater? **5.** Quārē ibi est? **6.** Quōmodo vestītus Brennus culīnam intrat? **7.** Quando fit hic sermō? **8.** Ubi est Silvia? **9.** Quis est Silvia? **10.** Quis bene coquit? **11.** Ubi Brennī māter et soror obsōnāre dēbent? **12.** Quis crās domum veniet?

Verba Temporālia

adiuvāre/iuvāre to help

colligere *tr* to collect, gather together

colloquor to converse (*dep*)

coquere to cook

dō dare dedī datum to give > **dedit** (*perfect tense*) = "gave"

dēbēre to owe; ought; should; to be supposed to; to have to; must

dēmetere to mow

dētergēre to dust; wipe off; mop

dīcere to say

es you are *s* (*from* **esse**: to be)

facere to do; make

ferre (*irregular*) to bring; carry

fit takes place (*from* **fierī**: to be made; happen, take place)

intrāre to enter

lavāre to wash

meminisse to remember (*perfect tense used for present:* **meminī** = I remember, **meministī** = you remember)

morī to die (*deponent verb, using passive forms for active meaning*)

movēre to move

nōlle not to want (to) (**nōlō** = I don't want to)

obsōnāre *intr/tr* to shop, go shopping (for) (*also* **obsōnātum īre**)

oportet (+ *acc* + *inf*) it is necessary, it behooves

ōrdināre to organize

parāre to prepare > **parāmus** = we are preparing

perīre (*irregular*) to perish (**periī** = "I'm done for!", "Woe is me!", *etc.*)

prōcēdō prōcedere prōcessī prōcessum to go forward; proceed; continue; succeed

purgāre to clean (up) (*also* **munditiās facere**, *intr.*)

respondēre to answer, respond

soleō solēre to be accustomed to

spectāre to look at, watch

subrīdēre to smile

surgere to rise, get up > **surgās** = you get up (*present subjunctive because after* **quidnī**)

vacāre to have (free) time (for) (+ **ad** + *acc*)

velle to want, wish (*irregular verb:* **volō** = I want, **vīs** = you want, **vult** = he/she/it wants, **volumus** = we want, **vultis** = you *pl* want, **volunt** = they want)

venīre to come (**veniet**, *future tense:* he will come)

verrere to sweep

Nōmina

athēnaeum -ī university (*or* [**studiōrum**] **ūnīversitās**)

avunculus -ī (maternal) uncle

cēna -ae dinner

Chicāgī in Chicago (*locative case of* **Chicāgum**) (*Some, like the modern Greeks, say* "Tsicāgum" *or even* "Sicāgum.")

condiciō -ōnis *f* condition; situation

diēs Saturnī Saturday (*also* **Sabbata** *npl*) > **diē Saturnī** = "on the day of Saturn," *i.e.*, on Saturday (*The ablative case is used to indicate the time when something happens.*)

domus -ūs *f* house, home (*locative:* **domī** = at home; *accusative of place to which:* **domum** = (to) home; *irregular ablative of separation:* **domō** = from home)

fīnis *m* **septimānae, -is -ae** weekend (*also* **fīnis hebdomadis**)

i-Tabella -ae i-Pad

iter itineris *n* journey, trip

lucunculus -ī pancake

māter -tris *f* mother

mātercula Mom, Mum, Mommy, Mummy

mȳthistoria tēlevīsifica, -ae -ae soap opera

Societās *f* **Bonae Voluntātis, -ātis -ae -ātis** the Goodwill Society

soror -ōris *f* sister; companion; playmate

synthesis dormītōria, -is -ae pajamas

tēlevīsiō -ōnis *f* television (*the medium or programs*)

tēlevīsōrium -ī television set

thermopōlium/thermopōlium -ī café

vestīmentum -ī article of clothing (**vestīmenta** = clothes)

Via Tūta, -ae -ae Safeway

Prōnōmina

ego I (*of which* **mē** *is the accusative*)

eī *dat* for him

mihi to me (*dat*)

nihil nothing

nōs we, us *nom/acc*

sē himself, herself, itself, themselves

Adiectīva

dīves -itis wealthy, rich

fessus -a -um tired

omnis omnis omne all

pretiōsus -a -um valuable; expensive

proprius -a -um (one's) own

similis -e similar (to) (+ *dat mostly with things;* + *gen mostly with persons*)

tālis -e such, like that

tot (*indeclinable*) so many

vetus -eris *gen* old

Adverbia

adhūc still

autem (*postpositive*) however, but

crās tomorrow

etiam also (*sentential*)

forīs outdoors, outside

hodiē today

igitur then, therefore

paene almost

interdum sometimes; here and there

posteā afterwards, later

profectō of course, really, actually

prosperrimē very successfully (*irreg superl*)

quandō? when?

quārē? why?, for what reason?

quidem it's true, indeed, certainly (*often concedes the truth of something and is not translated*)

quidnī? why...not? (*used in exhortations with indicative or subjunctive mood*)

quīn (*initial*) well..., why... (*used in transitions*)

quōmodo? how?

rārō rarely, seldom

semper always

utcumque in any case

Coniūnctiōnēs

nam (*initial*) for; since

necnōn (et) as well as

quod because

ubi/ubī where; when (*colloquial*)

Praepositiōnēs

ā/ab (+ *abl*) (away) from

apud (+ *acc*) at the house of; in the presence of; in the writings of; by, at, near

Participia

vestītus -a -um dressed

Exclāmātiōnēs

ēheu! oh!, yow!, (y)ouch! (*an expression of pain*)

ei! gosh!, oh gee!, yikes! (*an expression of fear and/or dismay*)

heu! oh!, whoops!, "doh!" (*an expression of dismay and/or pain*)

Particulae

(-)dum (*appended to or following an imperative, expressing impatience or peremptoriness*)

-nam (*appended to an interrogative word to express insistence*)

nōnne? (*introduces a question expecting the answer "yes"*)

Locūtiōnēs

ex negōtiīs on business (*also* **per quaestum**)

paucīs post minūtīs a few minutes later

Quī fit ut...? How does it happen that...?/ How is it that...? (*+ subj*)

EXERCITATIO I

"Quid tū in oecō familiārī facis?"

> ***Exempla:***
>
> I. Quid tū in oecō familiārī facis?
>
> II. Ego in oecō familiārī tēlevīsiōnem spectō. Ubi tū tēlevīsiōnem spectās?
>
> I. Nōs oecum familiārem nōn habēmus. Ego interdum in cubiculō meō tēlevīsiōnem spectō nec saepe spectō.

1. Quid tū in culīnā facis?
2. Quid tū in cubiculō facis?
3. Quid tū in raedae tabernaculō facis?
4. Quid in āreā postīcā facis?
5. Quid in andrōne facis?
6. Quid in balneō facis?
7. Quid in āreā antīcā facis?
8. Quid in vestībulō facis?
9. Quid in trīclīniō?
10. Ubi iēntās?
11. Ubi dormīs?
12. Ubi natās?
13. Ubi pelliculās spectās?
14. Ubi legis?
15. Ubi dormit fēlēs tua/canis tuus?
16. Ubi merendās capis?
17. Ubi est cavea cricētī tuī?
18. Ubi modōs (in) tībiā meditāris? *Etc.*

"Habēsne clāvichordium?"

> ***Exempla:***   I. Habēsne clāvichordium? (*or* Estne tibi clāvichordium?)
>
>   II. Habeō. (*or* Est.)
>
>   I. Ubi est?
>
>   II. Clāvichordium est in mediānō.

1. Habēsne clāvichordium? Ubi?

2. Habēsne systēma stereophōnicum? Ubi?

3. Habēsne tēlevīsōrium? Quot? Ubi? Quid tēlevīsiōnis spectās?

4. Habēsne canem? Ubi habitat?

5. Habēsne computātōrium? Ubi?

6. Habēsne māchinam repōnsōriam? Ubi?

7. Habēsne equum? Ubi?

8. Habēsne hortum? Ubi?

9. Habēsne mēnsam scrīptōriam? Ubi?

10. Habēsne impressōrium computātōrium? Ubi?

11. Habēsne thermās intimās? Ubi?

12. Habēsne natābulum? Ubi?

13. Habetne bonum prōspectum domus tua?

14. Habēsne speculum in cubiculō?

Verba Temporālia

audīre to listen to, hear (**audiō** = I listen to, I hear)

auscultāre to listen to

canere (+ abl) to play (an instrument)

cēnāre to eat dinner, to dine

dormīre to sleep

exhibēre to show, play (a movie, etc.)

garrīre to chat, gossip (**garriō** = I chat, I gossip)

iēntāre to eat breakfast

imprimere to record, (**disculō compāctō**) to record, burn

īre to go (irregular verb: **eō** I go, **īs** you go, **it** he/she/it goes, **īmus** we go, **ītis** you pl go, **eunt** they go)

legere to read

lūdere to play (a game)

natāre to swim

prandēre to eat lunch

saltāre to dance

sermōcinārī (deponent verb) to chat, converse (**sermōcinor** = I chat; **sermōcināris** = you s chat; **sermōcināmur** = we chat)

sonāre facere to play (a CD, tape, MP3, etc., with person as subject; also **repraesentāre**)

spectāre to watch

ūtī (+ abl) to use (see **Locūtiōnēs**)

vīsitāre to visit (frequently)

Nōmina

ars mūsica, -ae music (in the abstract) > **mūsica -ōrum; modī mūsicī; melōdiae -ārum** = music (concrete or abstract)

āvocāmentum -ī distraction, diversion; recreation

bibliothēca -ae library

cavea -ae cage; stands, bleachers (in stadium)

caupōna -ae inn; (finer) restaurant

cīnēmatographicum theātrum, -ī -ī movie theater (also **cīnēmatographium**, less formally **cīnēmatēum** like **ōdēum**, which is a concert hall)

discothēca -ae discotheque, nightclub

domī at home (locative case of **domus**)

emporium -ī trading post, trade center, public market

forum -ī forum; town square (esp. if commerce and politics are conducted there)

hortī -ōrum mpl park; **hortī oblectāriī** = amusement park

macellum -ī shopping center; (public) market > **macellum māximum (internum)** = mall (also **forum tēctum**) > **macellum (cibārium)** = supermarket (also perhaps **hyperagora**, as in Greek)

mūsaeum (or **mūsēum**) **-ī** museum

oblectāmentum -ī pastime, hobby

ōtium -ī leisure, free time

platēa -ae town square; broad street, boulevard

popīna -ae restaurant, eatery (**popīna merendāria, popīna cibī expedītī/speusticī** = fast-food restaurant) > **popīna raedāria** = drive-in

saltātio -ōnis f dance; dancing

taberna -ae store, shop

tabernāculum merendārium, -ī -ī food stand (also **vorātrīna**)

thermopōlīum/thermopōlium -ī cafe (also **caffēum** or **taberna caldāria** or **domus caffeāria/coffeāria**); cafeteria

vorātrīna -ae food stand; "greasy spoon"

ANIMALIA DOMESTICA
(Domestic Animals)

agnus -ī lamb

anas -**atis** *f* duck

anguis -**is** *c* snake

arāneus -ī spider (*also* **arānea**, *which also means* spiderweb)

avis -**is** *f* bird

blatta -**ae** cockroach

būfō -**ōnis** *m* toad

columba -**ae** pigeon

cricētus -ī hamster

cunīculus -ī rabbit

equus -ī horse

falcō -**ōnis** *m* falcon

fēlēs/fēlis -**is** *f* cat (**cattus** = tomcat, **catta** = she-cat)

(fringilla) Canāria -**ae** canary

gallīna -**ae** hen

gallopāvō -**ōnis** *m* (Tom) turkey

gallus- ī rooster

gerbillus -ī gerbil

grillus -ī grasshopper

grÿllus -ī cricket; cartoon

lacertus -ī, **lacerta** -**ae** lizard

melopsittacus -ī parakeet

mūs mūris *m* mouse

musca -**ae** fly

mustēla -**ae** weasel

ovis -**is** *f* sheep (**ovīle** -**is** *n* = sheep pen)

palumbēs -**is** *m/f* dove; wood pigeon

pāvō -**ōnis** *m* peacock

piscis -**is** *m* fish

pullus -ī chicken

psittacus -ī parrot

rāna -**ae** frog

rattus -ī rat (*though the ancient Romans called them* **mūrēs**, *i.e., "mice"*)

scorpiō -**ōnis** *m* scorpion (*also* **scorpius** *and* **nepa** *f*)

serpēns -**entis** *c* (*large*) snake, serpent

sūs -**is** *c* hog

tarantula -**ae** tarantula (*Medieval Latin*)

tinea -**ae** moth

vermis -**is** *m* worm

viverra -**ae** ferret

APPARATUS ELECTRICUS DOMESTICUS
(Electrical)

amplificātōrium -ī amplifier

apparātus oblectātōrius domesticus, -ūs -ī -ī home entertainment center

capsa magnētoscopica, -ae -ae video cassette

disculoscopium -ī DVD-player > **discus versātilis** = DVD > **disculus radiī careuleī** = Blu-ray disc

disculophōnium -ī CD-player (**discus compactus/dēnsus** = CD)

ēchēum -ī *or* **megaphōnium** -ī (loud)speaker (**sublātrātōrium** = subwoofer; **lātrātōrium** = woofer; **mediānum** = midrange speaker; **ēchēum acūtum** *or* **pipilātōrium** = tweeter)

(īnstrūmentum) computātōrium, (-ī) -ī computer (*See* **COMPUTĀTŌRIA**)

īnstrūmentum digitāle imprimendī, -ī -is -ī DVR

māchina respōnsōria, -ae -ae answering machine (*also* **respōnsōrium tēlephōnicum**) > **cursus (tēlephōnicus) vocālis -ūs, -ī -is** voice mail

māchina tēletypica, -ae -ae FAX machine (*formally* **īnstrūmentum tēletypographicum**)

magnētophōnium -ī tape recorder

magnētoscopium -ī VCR

(moderātōrium) remōtum/sēmōtum -ī remote (*control*)

phōtographēma phōtographēmatis *n* photograph

respōnsōrium tēlephōnicum -ī -ī phone answering machine

radius caeruleus -ī -ī Blu-ray

siliquaphōnium -ī iPod, MP3 player (*A spurious but popular neologism.*)

systēma stereophōnicum systēmatis stereophōnicī *n* stereo, sound system (*also* **stereophōnium**)

tēlephōn(i)um -ī telephone > **tēlephōnō compellāre/interpellāre/vocāre/adīre** = to call on the phone, to make a phone call to > **(tēlephōnum) gestābile/mōbile** = cell phone, mobile phone > **alicuī verba (scrīpta) tēlephōnō mittere** = to "text" someone > **nūntiolus textuālis** = text message

tēlevīsōrium/tēlevīsificum (īnstrūmentum) -ī (-ī) television set (*cf.* **tēlevīsiō tēlevīsiōnis** *f the television medium*) > **Tēlevīsōrium accendō ut tēlevīsiōnem spectem.** = I turn on the TV set to watch television. > **tēlevīsōrium māximē resolvēns** = high definition TV

COMPUTATORIA
(Computers, etc.)

abacus -ī keyboard > **malleolus** = key > **malleolī/malleolōrum ictus** -ūs > keystroke

āctīvum facere to activate

ārea -ae field

armātūra -ae hardware

asservāre/adservāre to store > **in nūbe asservāre** to store in "the cloud"

bibliothēca -ae library

bīnārius -a -um binary

claudō claudere clausī clausum to shut down (*also* **extinguere**)

collābor collābī collāpsus sum to crash

comprimō comprimere compressī compressum to compress, zip

computātōrium -ī computer (*also* **ōrdinātōrium**) > **computātōrium gremiāle/gestābile** = laptop

cōnectō cōnectere cōnexuī cōnexum to connect

cōnexus -ūs *m* connection

cōnfōrmāre to format

cōnfōrmātiō -ōnis *f* configuration

congruentia -ae compatibility > **congruēns congruentis** = compatible

coniūnctiō -ōnis *f* link (*also* **ligāmen** *or* **vinculum**)

coniungere to link (*also* **cōnsolidāre** *or* **ligāre**)

cryptogrammatissāre to encrypt (*also* **nōdāre**)

cursus ēlectronicus, -ūs -ī email (*medium*)

cyberspatium -ī cyberspace (*also* **spatium cybernēticum**)

data -ōrum *npl* data

datōrum ōrdinātōrium, -ōrum -ī database (*program*) > **thēsaurus datōrum** = database (*files*)

dēcomprimō dēcomprimere dēcompressī dēcompressum to decompress, unzip

dēlēre to delete

dēnuō initiāre to restart

dēprōmere to download (*also* **ex Rēte extrahere/prehendere**)

digitālis -e digital

dīrēctōrium (īnstrūmentum), -ī (-ī) router (*more formally* **signōrum interrētiālium dīrēctōrium īnstrūmentum**)

discus -ī disk > **discus dūrus**, -ī -ī hard disk, hard drive > **discus compāctus/dēnsus (computātōrius)** = CD-ROM

elementum (ūnicum/minimum bīnārium) bit (a 0 *or* a 1)

(s)ēligō (s)ēligere (s)ēlēgī (s)ēlēctum to select

ēmendāre to debug

ēnōdāre to decode

ēvolvere to scroll > **sursum ēvolvere** = to scroll up > **deorsum ēvolvere** = to scroll down

excīdō excīdere excīdī excīsum to cut

exemplar asservāre/adservāre to back up

exemplar exemplāris *n* copy > **exemplar facere** = to make a copy

exeō exīre exiī exitum to log out

extēnsiō -ōnis *f* extension

fenestra -ae window

fluentum -ī a stream

fōrma -ae format (*also* **compositiō**)

fūnis -is *m* cable

globulus -ī button

grex gregis *m* list serve

hypertextus -ūs *m* hypertext > **hypertextuālis** (*adj*)

hypoprogramma -atis *n* subroutine

īciō/īcō īcere īcī ictum to hit, strike (like a snake), bite (like an insect); to click on > **ligāmen (mūre/sagittulā) īcere** = to click on a link (*also* **crepitum facere in** + *abl*; **crepitum dare** + *dat*)

īconidion/īconidium -ī *n* icon

imprimō imprimere impressī impressus to print > **impressōrium** printer

incongruentia -ae incompatibility

(plicārum) index -icis *m* directory

index cursuālis *m* distribution list, mailing list (*also* **catalogus cursuālis**)

indō indere indidī inditum to input (*also* **indūcere**) > **indita** *npl* = input (*noun*)

ineō inīre iniī initum to log in/on

īnfluere facere to stream *tr*

initiāre (systēma) to boot (up); initiate

īnscrībere (+ *acc*) to enter, insert (*also* **īnserere**)

īnscrīptiō cursuālis, -ōnis -is address > **īnscrīptiō ēlectronica** = email address > **īnscrīptiō interrētiālis** = web address

īnstrūmentum (ēlectronicum) (digitāle), -ī (-ī) (-is) document

īnstruō īnstruere īnstruxī īnstructum to install (a program *abl* on a computer *acc*) > **computātōrium programmate īnstruere** = *lit:* "to equip a computer with a program"

Interrēte -is (*abl* **-e**) *n* Internet

interrumpere to abort > **interruptiō** *f* an abort

iussōrum tabula/tabella -ae menu

iussum -ī command

(īnstrūmentum) lēctōrium, (-ī) -ī scanner (*also* **scrūtātōrium**)

loculāmentum -ī folder > **systēmatis loculāmentum** = system folder

memoria -ae memory > **memoria fixa** = ROM > **memoria volātilis** = RAM > **memoria statica** = static memory > **memoria dynamica** = dynamic memory

mendōsus -a -um buggy

mittere (aliquid ad rēte) to upload

moderātōrium -ī (net)server

(īnstrūmentum) monitōrium, (-ī) -ī monitor

mūs mūris *c* mouse (*also* **mūsculus**)

nāvigāre Rēte to browse/surf the Web

nāvigātōrium -ī browser

nōdāre to encode

nōmen nōminis ūtentis/adhibentis user name

nūbēs -is *f* cloud > **in nūbe rem computātōriam agere** = to engage in cloud computing

nūntiolus subitus, -ī -ī instant message

nūntius -ī cursūs ēlectronicī email message

operārī to run > **programma operātur** = "the program is running"

pāgina -ae page > **pāgina domestica** = homepage > **pāgina interrētiālis/tēlāris** = webpage

persōna -ae ūtentis User I.D. > **persōna supposita** = stolen identity

Pīpilātōrium -ī Twitter > **Esne tibi ratiō in Pīpilātōriō?** = Do you have a Twitter account? > **pīpilāre** = to send a Tweet

plica -ae file (*also* **scapus**)

portus -ūs *m* port

prōcessōrium -ī processor

programma -atis *n* program > **programmata** *pl* = software > **programma ēditōrium** = wordprocessor > (**programma [minus]**) **applicābile** = app(lication)

programmāre to program

ProsōpoChronicum -ī FaceTime

quadrum -ī screen (*also* **album**)

quaesītōrium -ī search engine

ratio -ōnis *f* account

rēgulae -ārum regulations

rēte rētis (*abl* **rēte**) *n* net, the Internet

sagīna -ae spam > **sagīnāre** *tr* = to spam

sagittula -ae cursor

scrūtārī to scan

sēdēs sociālēs (ēlectronicae), -um -ium (-ārum) social media > **Pīpilātōrium** (q.v.) = Twitter > **Prosōpographia** = Facebook > **SpatiumMeum** = MySpace > **observāre** = to follow > **probāre** = to like > **amīcāre** = to friend > **reprehendere/carpere** = to troll > **vexāre** = to harass

(cōn)servāre (commūtātiōnēs) to save changes (*also* **in discō repōnere**)

sine fūnibus wireless > **mūsculus sine fūnibus** = wireless mouse

situs -ūs *m* **interrētiālis/tēlāris** website (*also* **locus interrētiālis/tēlāris**)

Skypē -ēs *f* Skype (*neologism*) > **skypissāre** > **Tē/Tēcum skypissābō.** = I'll Skype you.

sonus -ī sound

statiō terminālis, -ōnis -is terminal

stipula -ae (memoriae) USB flash drive, thumb drive, memory stick (*Some say* **clāvis memoriālis.**)

subsidium computātōria/programmata adhibentibus technical support

systēma internum, -atis -ī operating system

systēma -atis DentisCaeruleī Bluetooth (*or simply* **DēnsCaeruleus**)

tabella (ēlectronica), -ae (-ae) pad (*of various sorts*), tablet, handheld device > **i-Tabella** = iPad

tabella tractōria, -ae -ae touchpad, trackpad

tabula -ae desktop

tessera -ae password

Tōtīus Terrae Tēla -ae (TTT) World Wide Web (WWW)

trahō trahere traxī tractum to drag

trānscrībere to cut and paste (*also* **excīdere et īnserere**)

trānsmodulātōrium -ī modem

typī -ōrum font

Ūniversāle Rērum Locātōrium, -is -ērum -ī URL (Universal Resource Locator)

ūtēns -entis user (*also* **adhibēns**)

ūtilitās -ātis *f* feature (*of a program, etc.*) (*also* **virtūs -ūtis** *f*)

verba (scrīpta), -ōrum (-orum) text

LUSUS
(Games)

Carcerēs et Dracōnēs Dungeons and Dragons (**Carcerēs et Dracōnēs lūdere** = to play Dungeons and Dragons)

chartula (lūsōria), -ae (-ae) (playing) card (**chartulīs lūdere** = to play cards; **Ponticulō lūdere** = to play bridge; **Cordibus lūdere** = to play hearts; **Piscātū lūdere** = to play fish; **Genēvā Rummicā lūdere** = to play gin rummy; **Ampullīs lūdere** = to play poker > **Retentiōne Texiānā lūdere** = to play Texas Hold'em > **Bullā/clāvō lūdere** = to play Stud poker > **Extractiōne Quīnārum Chartulārum lūdere** = to play Five-Card Draw)

cōnīs lūdere to bowl

lūsus *m* (or **lūdus -ī**) **tudiculāris, -ūs -is** billiards, pool (**tudiculīs lūdere** = to play billiards/pool; **mēnsa tudiculāris** = billiard/pool table; **tudicula** = pool cue)

lūsus *m* (or **lūdus -ī**) **computātōrius, -ūs -ī** computer game (**lūsūs computātōriōs lūdere** = to play computer games; **Fātum -ī** = Doom; **Autocīnētī Fūrtum Ēgregium** = Grand Theft Auto)

lūsus *m* (or **lūdus -ī**) **tabulāris, -ūs -is** board game

lūsus *m* (or **lūdus -ī**) **vīsificus, -ūs -ī** video game > **cīnēsiopticīs lūdere** = to play video games

mēnsa tēnisiāria, -ae -ae Ping-Pong table > **tēnisiam mēnsālem lūdere** = to play Ping Pong

Monopōlium -ī Monopoly > **Monopōlium lūdere** = to play Monopoly

quīncūncēs -um *mpl* checkers > **quīncūncēs/ quīncūncibus lūdere** = to play checkers

scācī -ōrum *mpl* chess (*also perhaps* **lūdus rēgius** *or* **latrunculī** *although the latter was actually a different game*) > **tabula scācāria** *or* **abacus scācārius** = chessboard > **scācus** = chess piece > **casa** = chess/checker square > **familia scācāria** = chess set > **scācīs lūdere** = to play chess > **rēgis perīculum** = check > **rēgistitium** = checkmate> **rēx soffocātus** *or* **pactum** = stalemate > **rēgīna** = queen > **(peditem etc.) rēgīnā mūtāre** = to take the queen (with a pawn, etc.) > **alfīnus** *or* **cursor** *or* **episcopus cornūtus** = bishop > **eques equitis** = knight > **saltus equīnus** = knight's move > **turris** *f* *or* **rochus** *m* = rook > **pedes peditis** *or* **latrunculus** *or* **calculus** = pawn

abacus -ī keyboard (*Some have used words like* **clāvīle** *and* **clāviātūra.**)

acitābulum -ī cymbal (*also* **cymbalum**) > **acitābulum Āsiāticum** = gong (*also perhaps* **cymbalum Āsiāticum**)

būcina -ae trumpet (*cf.* **tuba** = a straight, ceremonial trumpet) > **būcina acūta** = bugle > **lituus** (*or* **būcinula**) = cornet

cithara (Hispānica), -ae (-ae) guitar > **cithara Graeca** = lyre > **cithara Alpīna** = zither > **cithara Graeca** = βουζούκι *or* "**būzūcium**" > **cithara Americāna** = banjo > **cithara Indica** = sitar

clārīnēta -ae (*also* **tībia ūnicalama** *or* **clāricornulum**) clarinet

clāvichordium -ī (*generic name for keyboard instrument using mallets rather than quills*) > **clāvichordium prīstinum** (*or* **mēnsāle** *or* **epitrapezium**) clavichord > **clāvichordium classicum** = fortepiano > **clāvichordium hodiernum/rōmanticum** = piano(forte) (*modern piano*)

(clāvi)cymbalum/clāvicembalum -ī harpsichord > **(clāvicymbalum) virgināle** > virginal (*small, portable harpsichord*)

cornu -ūs *n* French horn > **cornu vēnātōrium** = hunting horn

cornu Anglicum, -ūs -ī *n* English horn

cornu tubulātum, -ūs -ī *n* tuba (*also* **tuba gravisona/contrābassica**)

cymbalum -ī (*See* **acitābulum.**)

dīductile (organum), -is (-ī) accordion (*also* **harmonica dīductilis, harmonium** *and* **accordeon -ī.** *Technically an harmonium is a "pump piano."*)

euthyaulus -ī recorder (*See* **tībia rēcta.**)

fagottum -ī bassoon (*also* **tībia gravisona/ barytona**) > **contrāfagottum** *or* **fagottum contrābassicum** = contrabassoon

fidēs māximae/īmae, -ium -ārum *fpl* contrabass, double bass, bass fiddle (*also* **fidēs contrābassica** *or* **contrābassus** *or* **pandūra**)

fidēs māiorēs, -ium -ōrum *fpl* (violon)cello (*also* **viōloncellum** *or* **fidēs crūrālēs**)

fidēs mediae, -ium -ārum *fpl* viola (*also* **viōla -ae** *cf.* **viola** = *violet*)

fidiculae -ārum *fpl* violin (*also* **viōlīna** *or* **viōlīnum**)

fistula/fistella -ae whistle

harmonica (īnflātilis/flātilis), -ae (-is) harmonica

lituus -ī bugle

lyra -ae lyre > **lyra Graeca** = Greek lyre (*cf.* **cithara Graeca** = βουζούκι *or* "**būzūcium**")

mandolīn(i)um -ī mandolin

nervus -ī string (*of an instrument*)

organum (tubulātum) -ī (-ī) (*pipe*) organ

oxyaulus -ī oboe (*also* **tībia Gallica**)

pinn(ul)a (tāctilis) -ae -is key of an instrument (*cf.* **malleolus** *or* **plēctrum** = key of typewriter or computer)

sambūca -ae harp (*also* **psaltērium** *or* **harpa**)

saquebūs saquebūtis *m* trombone (*The "sackbut" was the medieval precursor to the trombone. Also* **tuba ductilis** *or even* **trombōnium.**)

saxophōnum -ī saxophone

tambūrum (Vasconēnse) -ī (-is) tambourine

testūdō testūdinis *f* lute (*also* lautus -ī)

tībia mīlitāris, -ae -is fife

tībia (oblīqua/trānsversa), -ae (-ae) flute

tībia oxyphōna, -ae -ae piccolo (*also* tībiola)

tībia rēcta, -ae -ae recorder (*also* euthyaulus *or* monaulus)

triangulum -ī triangle

tuba -ae straight (*cermonial*) trumpet

tympanum -ī drum > tympanum chordātum = snare drum > tympana (symphōnica) (aēnea) = tympani > tympanum contrābassicum/gravisonum = bass drum

SPECTACULA TELEVISIFICA ET CINEMATOGRAPHICA
(Television Shows and Movies)

cōmoedia familiāris, -ae -is situation comedy (*also* cōmoediuncula dē vītae condiciōnibus)

concentus -ūs concert

dīverbium/dēverbium -ī dialogue

lūsūs āthlēticī, -uum -ōrum *m* sports (*also* āthlētica)

    alsūlegia/lūsus glaciālis, -ae/-ūs -is hockey

    artem gladiī/dolōnis exercēre to fence

    Circuitus Francogallicus, -ūs -ī Tour de France

    corbifollium -ī basketball

    cursus -ūs racing > cursus Marathonius = marathon

    harpastum Septentrioamericānum, -ī -ī American football; harpastum Britannicum/Austrāliēnse = rugby

    librāmentōrum sublātiō -ōnis weight-lifting > librāmenta tollere = to lift weights

    luctātiōnēs -um *f* wrestling

    lūsus stātiōnālis, -ūs -is *or* piliclāvium -ī baseball

    lūsus stātiōnālis Britannicus, -ūs -is -ī *or* piliclāvium Britannicum, -ī -ī cricket

    Olympia -orum Olympics

    pedifollium/pedilūdium -ī soccer, (international) football > follem in portam ingerere = to score a goal > Calix Mendanus = The World Cup

    pugilātiō -ōnis *f* boxing > pugilārī (*dep*) = to box

    tenisia -ae tennis > tenisiam lūdere = to play tennis > pila tenisiālis = tennis ball

Lūsus Thronōrum *Game of Thrones*

melodrāma -atis *n* opera

mȳthistoria tēlevīsifica, -ae -ae soap opera

nūntiī -ōrum the news (*also* nūntia tēlevīsifica *or* ācta diurna tēlevīsifica) > nūntiī commerciālēs

pellicula -ae *or* taeniola -ae (*sc* cīnēmatographica) (*more formally:* spectāculum cīnēmatographicum) motion picture, movie, film

    cōmoedia -ae comedy > *Shakespeare Amōre Captus* = *Shakespeare in Love*; *Īnsānus Īnsānus Īnsānus Īnsānus Mundus* = *It's a Mad, Mad, Mad, Mad World*; *Mē Turpem!* = *Despicable Me!*

    drāma -atis drama > *Omnia dē Ēvā* = *All About Eve*; *Index Schindleriānus* = *Schindler's List*

    pellicula amātōria romance > *Seattlī Īnsomnis* = *Sleepless in Seattle*; *Collis Nottingēnsis* = *Notting Hill*; *Bēstiae Nocturnae* = *Nocturnal Animals*

    pellicula animāta animated film > *Alicia in Terrā Mīrābilī* = *Alice in Wonderland*; *Cīmicis Vīta* = *A Bug's Life*; *Raedae* = *Cars*

    pellicula artificiōsa art film > *Octō et Dīmidium* = *8 1/2*; *Septimum Signum* = *The Seventh Seal*; *Fōns* = *The Fountain*"

    pellicula documentālis documentary > *Vērum Incommodum* = *An Inconvenient Truth*; *Nigrīta Tuus Nōn Sum* = *I'm Not Your Negro*

pellicula historica historical film > *Nixon*; *Laurentius Arabicus* = *Laurence of Arabia*; *Trōia* = *Troy*; *Gladiātor*

pellicula horrifera horror movie > *Faucēs* = *Jaws*; *Psȳcho*; *Sextus Sēnsus* = *The Sixth Sense*; *Id* = *It*; *Annabella* = *Annabelle*

pellicula mūsicālis musical > *Aedium Melodrāmaticārum Phantasma* = *Phantom of the Opera*; *Fābula dē Vīcō Occidentālī* = *West Side Story*; *Ōclahōma* = *Oklahoma*; *Cantāte!* = *Sing!*; *La La Terra* = *La La Land*

pellicula perstringēns/precāriōsa thriller/suspense film > *Fugitīvus* = *The Fugitive*; *Flāvicoma Atomica* = *The Atomic Blonde*

pellicula phantasmatica fantasy > *Dominus Ānulōrum: Sodālitās Ānulī* = *Lord of the Rings: The Fellowship of the Ring*; *Vir Chalybicus* = *Superman*; *Vespertīliō* = *Batman*; *Cinerella* = *Cinderella*

pellicula dē rēbus gestīs adventure (*also* **pellicula rērum gestārum**) > *Jones Indiānēnsis* = *Indiana Jones*; *Fēmina Mīrifica* = *Wonder Woman*

pellicula scientiae fictae/fictīciae science fiction > *Aliēnigena* = *Alien*; *Contactus* = *Contact*; *Terminātōrium* = *The Terminator*; *Hortī Iūrassicī* = *Jurassic Park*; *Custōdēs Galaxiae* = *Guardians of the Galaxy*; *Martiānus* = *The Martian*

pellicula vehementōsa "action" film > *Aegrē Moriēns* = *Die Hard*; *Tēlum Mortiferum* = *Lethal Weapon*; *Dunquerca* = *Dunkirk*

Peregrīnātio Interstellāris, **-ōnis -is** *Star Trek* > *Alacris* (*i.e.*, **Nāvis**) = *The Enterprise* > **Vulcānus** = *Vulcan* > **Klingōn -ōnis** = *Klingon*

praecōnium -ī announcement

prōfluō prōfluere prōfluxī *intr* to stream, be streamed > **prōfluere facere** to stream *tr* (*what the Internet customer does*) > **pelliculam prōfluendam cūrāre/ praebēre** = to stream, make available for streaming (*what the Internet company does*)

spectāculum (tēlevīsificum) -ī (ī) (TV) show

spectāculum āctīvum/participāle, -ī -ī/- is "reality" show (*Īdōlum Americānum* American Idol; *Vōx* = *The Voice*)

spectāculum animātum -ī (animated) cartoon (*also* **grȳllus animātus**) > *Familia Simpson* = *The Simpsons*

(spectāculum) documentārium/ documentāle, (-ī) -ī/-is documentary

spectāculum garrulum, -ī -ī talk show > *Spectāculum Huius Noctis* = *The Tonight Show*

spectāculum lūsōrium, -ī -ī game show (*Fortūnae Rota* = *Wheel of Fortune*; *Perīculum* = *Jeopardy*; *Quis Mīlliōnārius Fierī Vult?* = *Who Wants To Be a Millionaire?*; *Avāritia* = *Greed*; *Sella Illa* = *The Chair*)

tēlevīsio fūniculāris (digitālis), -ōnis -is (-is) (digital) cable TV

tēlevīsiō per captōrium (disciforme) accepta, tēlevīsiōnis per captōrium (disciforme) acceptae dish TV (*less formally* **tēlevīsiō captōriālis**) ≠ **tēlevīsiō per antennam accepta** (aerial TV)

tēlevīsiō pūblica, -ōnis -ae public television

tēlevangelista -ae *c* televangelist

tractus sonālis, -ūs -ī sound track

TVM (T̲ēle̲v̲īsiō M̲ūsicālis) *f* MTV

Pelliculārum Aestimationes Generales
(Movie Ratings)

O = Omnibus

PT = Parentibus Tuentibus

PT-13 = Parentibus Tuentibus sī spectātor minimum trēdecim annōs nātus est

R = Restricta

NA-17 = Nūllīs Adulēscentibus Nisi 17 Annōs Nātīs

SA = Sōlum Adultīs

NA = Nōndum Aestimāta

Adverbia

plērumque usually; generally
saepe often
semper always

Praepositiōnēs

cum (+ *abl*) with
extrā (+ *acc*) outside of
iuxtā (+ *acc*) next to; right after; nextdoor to
post (+ *acc*) behind
sub (+ *abl/acc*) below, underneath

Locūtiōnēs

lātrīnā ūtī (*deponent verb with abl*) to use the toilet, go to the bathroom (*1st pers s:* **lātrīnā ūtor;** *2nd pers s:* **lātrīnā ūteris**)

lavātiōne pluviā (*or* **balneō pluviō) ūtī** (*deponent verb with abl*) to take a shower (*literally* "to use the shower"; *e.g., 1st pers s:* **lavātiōne pluviā ūtor;** *2nd pers s:* **lavātiōne pluviā ūteris**)

merendam capere to have/grab a snack (**merendam capiō** = I have a snack)

partēs/modōs (in) īnstrūmentō/organō (prae)meditārī (*deponent verb*) to practice a (musical) instrument > **(prae)meditor** = I practice, **(prae)meditāris** = you practice

EXERCITATIO III

"Quae opera domestica facis?"

> **Exempla:**　I. Quae opera domestica facis?
>
> II. Ego post cēnam vāsa semper lavō. Et tū quid facis?
>
> I. Ego quisquiliās extrahō et interdum supellectilem dētergeō. Et tū quid facis?
>
> III. Ego plērumque cēnam coquō. Etiam interdum vestīmenta lavō.

EXERCITATIO IV

"Haec domī faciō."

Ūnā cum ūnō duōbusve aliīs discipulīs aliquot ex illīs imāginibus spectā quae in pāginā 48 positae sunt ac tē haec similiave domī facere finge animō. Comitī fābulam brevem dēscrībe. Comes fābulam tuam magistrō posteā nārrābit.

(*Together with one or two other students look at some of the pictures on page 42 and imagine that you do these or similar things. Describe your story to your partner. Later, your partner will describe to the teacher what you have imagined.*)

ALIA VOCABULA AD OPERA DOMESTICA PERTINENTIA

GENERALIA
(Most Used Vocabulary)

dēnuō/iterum ōrdināre to (re)organize (*bedroom, garage, cupboards, drawers, office*)

īnsternō īnsternere īnstrāvī īnstrātum (lectum) to make (a bed) (*also* **lectum concinnāre**)

labōrāre to work (*also* **opus facere**) (*in the yard, kitchen, around the house, etc.*)

lavāre to wash (*clothes, vehicles, etc.*) > **vāsa lavāre** = to wash dishes

opus domesticum, operis -ī household task/ chore

polīre to polish (*shoes, furniture, silver*) (**poliō** = I polish)

(domum) purgāre to clean the house > **expurgāre** = to clean out (*gutters, etc.*)

reficiō reficere refēcī refectum to repair (*bicycle, toilet, chair, etc.*)

vās vāsis *or* **vāsum -ī** *n* receptacle or container (*of various sorts*) (*also* **vāsa -ōrum**) > **vāsa** = I. "dishes" (*in the very widest sense*); II. equipment, "things" > **vāsa culīnāria** = "cooking utensils"; III. receptacles brought on voyage > **vāsa colligere** = "to pack one's bags"

APPARATUS OPERARIUS ET FERRAMENTA HISQUE FACIENDA
(Work Tools and Hardware and What We Do with Them)

aedificāre to build

  amussis -is *f* level

  clāvis mēchanica (variābilis), -is -ae (-is) wrench

  clāvus -ī nail > **clāvīs adfīgere** = to nail (down)

  cochlea -ae screw > **cochleam (vertitōriō) impellere** = to screw in a screw > **extorquēre** = to unscrew

  forceps -ipis *f* pliers > **forceps fistulāris** = pipe wrench

  malleus -ī hammer > **(malleō) tundere** = to hammer > **excūdere** = to hammer out (*dents, etc.*)

  mātrīx -cis *f* nut (*also* **cochlea fēmina**)

  rēgula -ae ruler > **rēgula tripedālis** = yardstick > **rēgula (ūnīus) metrī** = meter stick

  serra -ae saw > **serrā secāre** = to saw

  terebra -ae drill > **terebrāre** = to drill, bore

  suspendō suspendere suspendī suspēnsum to hang (*a picture, mirror, etc.*)

  vertitōrium -ī screwdriver (*also* **īnstrūmentum cochleīs extorquendīs**)

charta -ae paper > **charta dēnsāta** cardboard

  forficēs -um *fpl* scissors

  glūten -inis *n* glue > **glūtināre** = to glue > **conglūtināre** = to glue together

  secō secāre secuī sectum to cut or slice

involvō involvere involvī involūtum to wrap (up)

  ligāre to tie, bind

  līnum -ī string

  resticula -ae twine

  taenia adhaesīva, -ae -ae adhesive tape

  taeniola -ae ribbon (*also* **īnfula**) > **nōdus** = bow, knot

pingō pingere pinxī pictum to paint

  cylindrus pictōrius, -ī -ī paint roller

  fidēlia -ae paint can, bucket

  pēniculus (pictōrius), -ī (-ī) paintbrush

  pigmentum -ī paint

  taenia pictōria, -ae -ae masking tape

64   VITA NOSTRA I

CIBI ET CULINARIA
(Meals and Kitchen)

cēna -ae dinner

cibāria -ōrum *npl* groceries (*also* **obsōnia**)

cibī -ōrum *mpl* meals, food (*collectively*)

commisceō commiscēre commiscuī commixtum to mix or blend

concīdō concīdere concīdī concīsum to chop

coquere coxī coctum to cook

iēntāculum -ī breakfast

index *m* **obsōnandōrum, -icis -ōrum** shopping list (*also* **index cibāriōrum**)

īnstruere/parāre (mēnsam) to set (a table)

merenda -ae snack

mētior mētīrī mēnsus sum to measure

obsōnia *npl* groceries, food purchased > **obsōnium** *ns* = food eaten with bread

pōnere put; place > **patinās/vāsa in lavātōriō pōnō** = I put the dishes in the dishwasher

prandium -ī lunch > **prandium mātūtīnum** *or* **prandiculum/"prandāculum"** = brunch

REGIMEN HYGIENICUM PULCHRITUDINISQUE STUDIUM
(Personal Hygiene and Grooming)

capillī -ōrum; barba -ae; unguēs -ium *m* hair, beard, and nails

lōmentum capillāre, -ī -is shampoo

novacula -ae razor (*also* **rāsōrium**) > **novacula ēlectrica** = electric razor

pecten -inis *m* comb

pectō pectere pexī pectum to comb (*one's hair*)

rādō rādere rāsī rāsum to shave *tr* > **sē rādere** *or* **rādī** = to shave *intr*

resecāre (resecuī resectum) unguēs to trim one's nails

scōpulus comātōrius, -ī -ī hairbrush

tondeō tondēre totondī tōnsum to trim > **barbam tondēre** = to trim one's beard

cutis, odōrēs, cēt. skin, fragrance, *etc.*

lavātiōne pluviā (*or* balneō pluviō) ūtī (*deponent verb + abl*) to take a shower ("to use the shower") > **Lavātiōne pluviā ūtor.** = I take a shower.

perluō perluere to bathe > **sē perluere** *or* **perluī** = to take a bath

gausapa -ae bath towel *or* beach towel

linteum -ī towel (*also* **sabanum**); bedsheet

manutergium -ī hand-towel (*also* **mantēle -is** *n*)

panniculus balneārius, -ī -ī wash cloth

nāsitergium (linteum), -ī (-ī) handkerchief > **nāsitergia chartācea** = facial tissues

notae Thrāciae, -ārum -ārum tattoo (*also* **notae Thrēiciae**) > **pictus -a -um** = tattooed

odōrāmentum -ī perfume

remedium deodōrāns, -ī -tis deodorant

sapō -ōnis *m* soap > **sapōnis quadrila** = a bar of soap

unguentum -ī unguent, (body) oil; perfume (*Also* **odor -ōris** *m. The ancients used* **unguentum** *as perfume, but this was oil based, not alcohol based like most modern perfumes.*)

faciēī medicāmenta, -ēī -ōrum cosmetics

calliblepharum -ī eyeshadow

cērātum labiāle, -ī -is lipstick

cērōma sōlāre, -atis -is sunscreen

fūcus -ī rouge > **faciem fūcāre** = to put on rouge

fūcus circumoculāris, -ī -is eyeliner (*also* **fūcus āter**)

guttae/stillae oculārēs, -ārum -ium eyedrops

lōmentum (faciāle), -ī (-is) cold cream, *etc.*

pīlōrum palpebrārum fūcus (āter), -ōrum -ārum -ī (ātrī) mascara

plumbum/graphium superciliāre, -ī -is eyebrow pencil

strātūra (prīma), -ae (-ae) foundation

tetanōthrum -ī anti-wrinkle cream

unguentum -ī lotion, unguent, moisturizer

lātrīnā ūtī (*deponent verb + abl*) to use the bathroom, to go to the bathroom

ānitergium -ī toilet paper

ōris cūra care of the mouth

dentifricium -ī toothpaste; dentifrice > **pasta** = paste > **pulvis** = powder > **glūtinum** = gel

fīlum dentārium, -ī -ī dental floss > **dentēs fīlō expurgāre** = to floss one's teeth

gargarīzāre to gargle (*also* **guttur/faucēs colluere**)

ōris halitum commendāre to freshen one's breath

pēnicillus dentārius, -ī -ī toothbrush

purgāre dentēs to brush one's teeth

HORAE
(Times)

interdiū during the daytime

māne in the morning (*also* **mātūtīnō tempore**) > **bene māne** = early in the morning > **multō māne** = late in the morning > **ad multum māne dormīre** = to sleep in late

merīdiē at noon > **post merīdiem** in the afternoon (*also* **pōmerīdiānō tempore**)

noctū *or* **nocte** at night, by night

nox noctis *f* night > **in multam noctem vigilāre** = to stay up late (*into the night*) > **lūcubrāre** = to "burn the midnight oil"

vesper -is/-ī evening (*also* **vespera**) > **vesperī/e** in the evening

HORTORUM CULTUS
(Gardening)

(cōn)serere to plant (*flowers, plants, shrubs, trees*) > **colloquia cōnserere** = to converse (**serō serere sēvī satum; cōnserō cōnserere cōnsēvī cōnsitum**)

ēruncāre to weed (*the front/back yard, the gardens, etc.*) > **herba mala/inūtilis** = weed

(ir)rigāre to water (*flowers*) > **sīphō prātēnsis** = lawn sprinkler

(māchina) herbiseca, -ae -ae lawnmower

nassiterna -ae watering can/pot, sprinkling can

tondēre prātum to mow the lawn (*also* **herbam tondēre/(dē)metere**)

MUNDITIAE
(Cleaning)

dēfricāre to scrub, scour

ēverriculum -ī whisk broom, hand brush > **vatillum** = dust pan; small shovel

extrahere to take out (*the trash/garbage*)

fricāre to scrub

lōmentum -ī cleanser, cleaning agent, detergent > **lōmentum capillāre** = shampoo > **lōmentum vestiārium** = laundry soap > **lōmentum vāsārium** = dishwashing liquid

munditiās facere to do the cleaning

panniculus ablūtōrius, -ī -ī dishcloth, dish rag

pēniculus -ī mop; sponge(-mop)

sapō -ōnis *m* soap > **sapōnis quadrila** = a bar of soap

scōpae -ārum broom (*also* **ruscus** *or* **ruscum**)

scōpula -ae brush > **scōpula dentāria/ pēniculus dentārius** = toothbrush

smēgma -atis *n* scouring cleanser

spongia -ae sponge (*also* **spongea**)

verrō verrere verrī versum to sweep

RES NUMMARIA
(Finances)

ratiō *f* dēbitī, -ōnis -ī bill
solvere to pay *(off)* *(e.g., debts/bills =* dēbita*)*

VESTIMENTA, CET.
(Clothes, etc.)

dēcolōrāns pertaining to bleach(ing) >
  māteria/liquidum dēcolōrāns = bleach
dētergēre to brush; to dust

(acubus/acibus) intexere to knit
lavāre vestēs to wash clothes
ferrō lēvigāre to iron *(clothes, etc.)* *(also* ferrō
  polīre *or* premere*)*
pēniculus vestiārius, -ī -ī a clothes brush >
  vestem pēniculō mundāre = to brush off
  an article of clothing
resarcīre to mend *(clothes)*
suere to sew > bullam assuere (+ *dat*) = to
  sew on a button
texere to weave

EXERCITATIO IV

"Haec domī faciō."

Ūnā cum ūnō duōbusve aliīs discipulīs aliquot ex illīs imāginibus spectā
quae in pāginā 48 positae sunt ac tē haec similiave domī facere finge
animō. Comitī fābulam brevem dēscrībe. Comes fābulam tuam magistrō
posteā nārrābit.

*Together with one or two other students look at the pictures on page 48 and
imagine that do these or similar things at home. Describe your story to your
partner. Later, your partner will describe to the teacher what you have
imagined.*

EXERCITATIO V

"Quid diēbus Sāturnī plērumque facis?"

Exempla: I. Quid tū diēbus Sāturnī plērumque facis? / Quid tū
  diēbus Sāturnī facere solēs?*

II. Ego diēbus Sāturnī plērumque ad multum māne dormiō.
  Deinde iēntō. Deinde saepe cum mātre culīnam aut
  balnea purgō. Posteā plērumque cibāria obsōnō. Post
  merīdiem amīcōs saepe vīsitō. Etiam saepe ad macellum
  īmus. Diēbus Sāturnī vesperī paene semper in theātrum
  cinēmatographicum īmus. Noctū interdum in
  discothēcam aut in saltātiōnem īmus et saltāmus.

*soleō = "I am accustomed" (+ *inf*)

1. **prō(h) dolor!**: very unfortunately, very sadly, tragically > **Avia eius—prō dolor!— est nūper carcinōmate correpta.** = Very sadly, her grandmother recently died of cancer. *Cf.* **quod dolet/fātō dolendō** (*abl*): unfortunately > **Tēlevīsiō fūniculāris, quod dolet, in regiōne nostrā nōndum exstat.** = Unfortunately, there no cable TV in our area yet!

2. **poenās/poenam dare**: to pay the penalty, be punished > **Nōn omnēs scelestī, fātō dolendō, poenās dant.** = Unfortunately, not all criminals are punished.

3. **cum magnō perīculō suō**: at one's own peril > **Cum magnō perīculō tuō, Carole mī, in istā cellā spurcā merendās!** = You eat at that greasy spoon at your own peril, Charlie!

4. **quam prīmum**: as soon as possible > **Quam prīmum ad nōs venīte! Vōs revidēre gestīmus!** = Visit us as soon as you can. We can't wait to see you!

5. **Etiam cavēs!**: Do be careful! > **Amplificātōrium proprium reficere in animō habēs? —Ita est. —Etiam cavēs!** = You want to fix your own amplifier? —That's right. —Do be careful!

6. **frustrā esse**: to be deceived > **Sī eum prō amīcō tuō habēs, frustrā es!** = If you think he's your friend, you're kidding yourself!

7. **dē viā dēcēdere**: to get out of the way > **Dē viā dēcēdite omnēs. Adest medicus!** = Everybody out of the way! The doctor's here!

8. **prō cōpiā**: according to one's means; as good/well as possible considering > **Illa prō cōpiā līberōs alit.** = She provides for her children as well as she can.

9. **nihil nōn**: everything > **Hērāclītus nihil nōn fluere mūtārīque opīnātus est.** = According to Heraclitus, everything is in a state of flux and change.

10. **ā tergō**: behind in the rear > **Ā tergō, ā fronte, ā lateribus latent inimīcī.** = Our enemies lurk behind us, in front of us, and at our sides!

11. **nihil est**: it's no use; it doesn't matter, it's no big deal > **Quod exclāmās nihil est, nēmō enim audiet.** = It's no use screaming. no one will hear. > **Quod hortum nōn habētis nihil est, nam in proximō sunt pūblicī.** = It doesn't matter that you guys don't have a garden, since there's a public park close by.

12. **in tempus**: temporari(ly) > **Hoc claustrum tantum in tempus adhibēmus dum renovātur culīna.** = We're just using this storeroom temporarily while the kitchen is being renovated.

13. **ex magnā parte**: to a large extent > **māximā ex parte**: mostly > **Dormītōrium Paulī māximā ex parte prasinum est.** = Paul's bedroom is mostly dark green.

14. **parvī (pretiī) esse**: to be of little value > **parvī facere/habēre/existimāre**: to consider of little value > **Plēraque spectācula garrula parvī faciō.** = I don't think much of most talk shows.

15. **(ex) omnī parte**: entirely *Also* **in omnēs partēs**: in every respect, altogether > **Nūlla diaeta ex omnī parte grāta est.** = No apartment is entirely satisfactory.

16. **multā nocte**: late at night > **in multam noctem**: till late at night > **Lucās, sēdulus iuvenis, in multam noctem pēnsa facere solet.** = Luke, who is a hard-working young man, is usually doing homework till late at night.

17. **verbī grātiā/causā**: for instance *Also* **exemplī grātiā** > **Multās ob causās vōs invīsere nōn possum, verbī grātiā ob raedam incertam.** = There are many reasons why I can visit you, for example, because of my unreliable car.

18. **dextrās dare/iungere**: to shake hands > **In Germāniā plērīque manum dant, in Iaponiā autem pauciōrēs.** = Most people

shake hands in Germany, but not so many do so in Japan.

19. **Duōs quī sequitur leporēs neutrum capit:** It's not good to have too many irons in the fire. > **Tū, meā sententiā, nimis multa simul suscipis. Nempe duōs quī sequitur leporēs neutrum capit!** = In my opinion you take on too many things at the same time. You know, it's not good to have too many irons in the fire.

20. **Plūs vident oculī quam oculus:** Two heads are better than one. > **Venī mēcum, Ricarde, crīminis locum īnspectum; plūs enim vident oculī quam oculus.** = Come with me to have a look at the scence of the crime, Richard. Two heads are better than one.

EXERCITIUM

Singulīs paucīsve sententiīs locūtiōnēs quās didicistī tālī modō ūsurpā ut sit significātiō manifesta.

(In one or a few sentences, use the expressions you have learned in such a way as to make the meaning clear.)

1. **prō(h) dolor!:** _____

_____

_____

quod dolet/fātō dolendō: _____

_____

_____

2. **poenās/poenam dare:** _____

_____

_____

3. **cum magnō perīculō suō:** _____

_____

_____

4. **quam prīmum:** _____

_____

_____

5. **Etiam cavēs!:** _____

_____

_____

6. **frustrā esse:** _____

_____

_____

7. dē viā dēcēdere: _____

_____

_____

8. prō cōpiā: _____

_____

_____

9. nihil nōn: _____

_____

_____

10. ā tergō: _____

_____

_____

11. nihil est: _____

_____

_____

12. in tempus: _____

_____

_____

13. ex magnā parte: _____

_____

_____

   māximā ex parte: _____

_____

_____

14. parvī (pretiī) esse: _____

_____

_____

   parvī facere/habēre/existimāre: _____

_____

_____

15. (ex) omnī parte/in omnēs partēs: _____

_____

_____

16. multā nocte: _____

_____

_____

in multam noctem: _____

_____

_____

17. verbī grātiā/causā/exemplī grātiā: _____

_____

_____

18. dextrās dare/iungere: _____

_____

_____

19. Duōs quī sequitur leporēs neutrum capit.: _____

_____

_____

20. Plūs vident oculī quam oculus.: _____

_____

_____

SERMO SIMPLEX: "QUID FIERI VIS?"

Prōfessor alumnōs dē hōrum cōnsiliīs interrogat.

Prōfessor: Multās ob causās discipulī linguae Latīnae student. Cūr autem tū, Melissa, Latīnē discis?

Melissa: Adsum!

Rīdent multī.

Melissa: ... Heia! Cūr ego... quid?

Prōfessor: Tē adesse gaudeō. At cūr tū, Melissa, Latīnē discis? Quod mūnus petēs?

Melissa: Em, nōndum sciō. Fortasse diurnāria fīam. Nōnne Latīnē doctī melius scrībunt?

Prōfessor: Ita sānē, ut mihi quidem vidētur. Sed tū, Aemilia, quō mūnere aliquandō fungī velīs?

Aemilia: Ego philologa classica fierī in animō habeō. Nī fallor, Vincentius quoque.

Prōfessor sē ad Vincentium vertit.

Vincentius: Vērum est. Philologus, sīve Latīnus sīve classicus, aliquandō fierī cupiō.

INTERROGATIONES DE SERMONE

1. Cūr dīcit Melissa *Heia?* **2.** Cūr haec Latīnē discit? **3.** Quid fierī vult Aemilia?
4. Quid dē Vincentiō?

Photo credits: **Plato's Academy Mosaic, Pompeii,** 1st century BCE by Marie-Lan Nguyen *(cropped from original). Source:* Wikimedia, CC-PD-US. **Uwe Brückner,** German TV-Journalist and Filmmaker by KunigundeW *(enhanced from original). Source:* Wikimedia, CC BY 4.0. **International Space Station.** ID 58509024 © Andrey Armyagov | Dreamstime.com.

SERMO PROVECTIOR: APUD MUNERUM NUNDINAS

Quattuor discipulī mūnerum nundinās invīsunt.

Vilelmus: Ubi est Marīa? Ē cōnspectū abiit.

Stephanus: Marīa vult iūris cōnsulta fierī. Crēdō eam societātis nōmine Brewster et Brewster vicāriōs nunc convenīre.

Vilelmus: Sed nōndum iūribus studet! Proximō dēmum annō Berkleiae iūrisprūdentiae studēre vult. Quidnam iam nunc societātem causidicālem convenit?

Iūlia: Marīa optimās notās accipit. Putō hīs diēbus aliquot societātēs optimōs discipulōs praecausidicālēs cōnscrībere. Optimī īnsuper sunt candidātī quī linguās classicās, praesertim Latīnam, sciant. Etenim sī discipulus societātī placet, societās pretia studiōrum solvit.

Stephanus: Papae! Marīa dēlectabit. Corcillum enim habet. Et scīre velim cuius generis iūris cōnsulta fierī cupiat. Advocātane an accusātrīx an iūris cōnsulta corporātiōnālis? Causidica an investīgātrīx?

Iūlia: Advocāta, ut opīnor. Sed tū, Stephane, quid fierī vīs?

Stephanus: Ego māchinātor computātōrius.

Iūlia: Quippe! Iam meminī! Nempe optimum est mūnus, salāria optima.

Vilelmus: Et tū, Iulia, quid vīs fierī?

Iūlia: Nōndum sciō. Mathēmatica quidem valdē mē tenet, sed nōndum sciō utrum mathēmatica esse velim an philosopha nātūrālis an fortasse magistra. Et tū, Vilelme?

Vilelmus: Nec sciō ego. Pater quidem est medicus dentārius, sed dentēs mē nōn valdē tenent. Ego rē vērā ante omnia facere cupiō itinera. Eurōpam vidēre gestiō atque Americam Merīdiānam. Linguae mē dēlectant. Praeter linguam Latīnam, Theodiscae quoque studeō. Aliquandō et Hispanicam discere velim.

INTERROGATIONES DE SERMONE

1. Quid Marīa facit? **2.** Quid Marīa fierī vult? **3.** Ubi studēre vult? **4.** Quālēs accipit notās? **5.** Quid hīs diēbus faciunt aliquot societātēs causidicālēs?

6. Quid faciunt aliquot societātēs, sī candidātus placet? **7.** Cuius generis iūris cōnsulta fierī vult Marīa? **8.** Quid Stephanus fierī vult? **9.** Quid Iūlia fierī vult?

10. Quod mūnus habet pater Vilelmī? **11.** Quid Vilelmum nōn dēlectat?

12. Quid vult facere Vilelmus? **13.** Quid discere cupit?

Verba Temporālia

abeō abīre abiī abitum to go away > **ē cōnspectu abīre** = to go out of sight, disappear

accipere to receive, get, take (**accipiō** = I receive)

adesse "to be present" > **adsum** = "(I am) present" > **tē adesse** = "that you are present" (*acc w inf in indirect statement*)

cōnscrībere to recruit

convenīre to meet (with); interview (with)

crēdere to believe; think

cupere to wish; long for/to; desire > **cupiō** = I desire; **cupiat** = she would like (*subjunctive mood because in an indirect question*)

dēlectāre to delight (**id mē dēlectat** = I am delighted with it; **dēlectābit** = she will delight, *future tense*)

discere to learn

faciēbat/faciēbant was/were doing (*imperfect tense of* **facere**)

fierī (*deponent verb*) to become > **fīam** = "I will become" (*fut*)

fungī (+ *abl*) to perform, discharge (*dep*)

habeō habēre habuī habitum to have

gestīre to long > **gestiō** (+ *inf*) = I long, I can't wait (*to do something*)

invīsere to look in on, visit

meminī (*perfect tense with present meaning*) I remember

petere to seek, look for > **petēs** = "you will look for" (*fut*)

placēre (+ *dat*) to please > **mihi placet** = I like > **placēbit** = "she will please, they will like her" (*future tense*)

praebeō praebēre praebuī praebitum to offer

putāre to think, be of the opinion

rīdēre to laugh

salūtāre to greet

scrībere to write

scīre to know (**sciō** = I know; **sciant** = (they) know, *subjunctive mood because in a relative clause of characteristic*)

solvere to pay (for)

studēre (+ *dat*) to study (**iūribus studēre** = to study law)

surgō surgere surrēxī surrēctum to rise, get up

tenēre to hold (the attention of), to interest

velim/velīs/velit I/you/he/she would like (*subjunctive mood*)

venīre to come (**veniō** = I come)

vertere to turn > **sē vertere** to turn (*intr, i.e., to turn oneself*)

vidētur it seems > **ut mihi quidem vidētur** ≈ **meā quidem sententiā**

Nōmina

advocātus -ī; -a -ae defense attorney

aemulus -ī; -a -ae competitor, opponent

alumnus -ī; -a -ae student

America Merīdiāna, -ae -ae South America (*also* **America Austrālis, -ae -is**)

annus -ī year

Berkleiae/Bercleiae at Berkeley (*locative case of* **Berkleia/Bercleia**)

candidātus -ī candidate

causidicus -ī; -a -ae lawyer; litigator

cōnsilium -ī plan

dēns dentis *m* tooth

discipulus -ī; -a -ae student

diurnārius -ī; -a -ae journalist

Eurōpa -ae Europe

frāter frātris *m* brother

iter itineris *n* journey

iūra -um *npl* law (*as a field, lit: "laws"*) > **iūris cōnsultus** = lawyer, barrister > **iūris prūdentia** = jurisprudence, law

investīgātor -tōris; -trīx -trīcis researcher; investigator

lingua -ae tongue; language

māchinātor computātōrius, -tōris -ī computer engineer

(lūdī) magister -trī; -tra -trae (school)teacher; master

mathēmatica (ars), -ae (artis) mathematics

mathēmaticus -ī; -a -ae mathematician

medicus dentārius, -ī -ī dentist

mūnus -eris *n* duty; service; function; profession; job; entertainment > **mūnere fungī** = to have/practice an occupation

nōmine by the name of (*from* **nōmen nōminis** *n*)

nota -ae grade mark (*on report card*); note; sign; seal

novācula -ae razor

nundinae -ārum fair; periodic market (**mūnerum/operum nundinae** = job fair)

opus -eris *n* work > **opus facere** to work

philologus -ī; -a, -ae philologist > **philologus classicus** = classicist

philosophus nātūrālis, -ī is; -a -ae, -is -is scientist (*also* **nātūrae historicus** *or* **physicus**, *the latter of which, however, can nowadays be misleading; less formally* **scientificus/a** *or* **scientālis**)

salārium -ī salary (*cf.* **mercēs -ēdis** *f* = wage)

societās -tātis *f* society; company, firm

studium -ī study; zeal, eagerness (**studia** = studies *acc npl*) > **studia postbaccālaurea** = graduate studies, graduate school

tōnsor -ōris barber

vicārius -ī representative

Prōnōmina

alter...alter *irreg* (the) one...(the) other

eam/eās her; it s/them *acc fpl*; **eīs** = to/for them

hōrum their (*lit:* "of the latter" *gen pl*)

quī (relative) who *nom mpl*

quis? who? (**quem?** = whom? *acc s*; **cui?** = to whom? *dat s*; **quī?** = who? *nom pl*; **quōs?** = whom *acc pl*)

Adiectīva

aliquot (*indeclinable*) some, some number of, several

causidicālis -is legal, law

classicus -a -um classical

corporātiōnālis -e (of a) corporation

Hispānicus -a -um Spanish (**lingua Hispānica** = the Spanish language); Hispanic (**Hispānus** = a Spaniard)

optimus -a -um (*superlative*) (the) best; very good, excellent

pessimus -a -um (*superlative*) worst; very bad, terrible

praecausidicālis pre-law

proximus -a -um next, following, ensuing

quae? which?, what? (*nom npl of* **quī quae quod?**)

quattuor four

Theodiscus/Theot(h)iscus -a -um German (**lingua Theodisca** = the German language) (*But* **Germānia** = Germany)

Adverbia

aliquandō sometime, someday

cūr? why?

dēmum not until, for the first time, only; at last, finally

etenim (*often sentence-initial in prose, can be 3rd word in poetry*) (and) as a matter of fact, actually

et also; even

forīs away from home

fortasse perhaps, maybe

hīs diēbus (*adv phrase in abl*) these days

iam nunc already (*strengthened form of* **iam**)

īnsuper moreover, besides, in addition

Latīnē in Latin > **Latīnē discere** = to learn Latin > **Latīnē doctus** = "learned in Latin," i.e., who knows Latin

melius better (*comparative of* **bene**)

nempe naturally, of course, to be sure

noctū at night

nōndum not yet

nunc now

praesertim especially

quid? why?

quidem it's true, indeed, certainly (*often concedes the truth of something and is not translated*)

quō(nam)? where (to)?, whither?

rē (vērā) really, actually, in fact

sānē certainly, of course; to be sure > **ita sānē** = "That's quite true."

valdē very (much), a lot

Coniūnctiōnēs

atque and (in addition)

enim for; since; after all

nec nor, and not; but not

sīve … sīve (perhaps) either … or (perhaps), whether … or (*alternative not necessarily mutually exclusive*)

utrum … an whether … or

Praepositiōnēs

ob because of (+ *acc*)

praeter (+ *acc*) besides, in addition to

Exclāmātiōnēs

em (well) you see; there you go!; there you are!

heia! (*an interjection espressing concession, astonishment, urgency or deprecation*)

papae! wow!, great!

quippe! of course! oh yes!

Locūtiōnēs

ante omnia more than anything, most of all, "before all"

corcillum habēre to be smart

cuius generis? what kind of?

in animō habēre to have in mind, intend

nī fallor unless I'm mistaken, if I'm not mistaken

quālis est X? What is X like?

ut opīnor (as) I think, I suppose

EXERCITATIO I

"Quod mūnus habēs … aut quod mūnus petis?"

> ***Exempla:***   I. Quod mūnus petis?
>
> II. Ego coquus fierī volō. Et tū?
>
> I. Nesciō. Fortasse bibliopōla.
>
> III. Quod mūnus habēs? Aut quid fierī vīs?
>
> IV. Ego iam negōtiātor sum, sed interpres fierī volō. Quod mūnus petis tū?
>
> III. Ego iam in macellō labōrō, sed mūsicae artis professor fierī volō. Quod mūnus petit Angela?

Nōmina

baccālaureātus -ūs *m* baccalaureate/bachelor's (degree), B.A.

diplōma -atis *n* diploma, degree (*also* **gradus** -ūs *m*); passport

doctōrātus -ūs *m* doctorate, doctoral degree (*also* **gradus doctōrālis**)

magistrātus -ūs *m* master's degree (*usually modified by either* **artium līberālium** *or* **scientiae/philosophiae nātūrālis**) (*also often* **gradus magistrālis** *or sometimes* **diplōma magistrāle**)

necessārium -ī (pre)requisite

ACADEMICA, LIBRARIA, CET.
(Academia and Books)

administer -trī; -tra -trae (**acadēmīae**, *etc.*) (educational) administrator (*also* **rēctor**)

anthrōpologus -ī; -a -ae anthropologist

archaeologus -ī; -a -ae archeologist

astronomus -ī; -a -ae astronomer

bibliopōla -ae *c* bookseller (*see also* **librārius**)

bibliothēcārius -ī; -a -ae librarian

biologus -ī; -a -ae biologist

botanicus -ī; -a -ae botanist

chēmicus -ī; -a -ae chemist (*also* **alchimista, chimicus, chymicus, chēmiae perītus**) > **biochēmicus** (*etc.*) = biochemist

corrēctor -tōris; -trīx -trīcis copy editor, proofreader

cybernēticus -ī; -a -ae cyberneticist, cybernetician

decānus -ī; -a -ae dean

dialecticus -ī; -a -ae logician (*Less correctly* **logicus/a**)

ēditor -tōris; -trīx -trīcis publisher

geōgraphus -ī; -a -ae geographer

geōlogus -ī; -a -ae geologist

glōttologus/glōssologus -ī; -a -ae linguist (*less correctly* **linguista** -ae)

grammatista -ae *c* language instructor

historicus -ī; -a -ae historian (*also* **rērum gestārum scrīptor** *or* **historiographus**)

interpres -etis *c* interpreter; translator; intermediary

investīgātor -tōris; -trīx -trīcis researcher; investigator (*also* **indāgātor**)

Latīnitātis cultor -tōris, -trīx -trīcis Latinist (*also* **philologus Latīnus**; *some say* **Latīnista**)

librārius -ī; -a -ae bookseller (*also* **bibliopōla**)

magister -trī; -tra -trae master; "maestro"; manager; boss; teacher > (**lūdī**) **magister** = (school)teacher > **scholae superiōris magister** = high school teacher

mathēmaticus -ī; a -ae mathematician

meteōrologus -ī; -a -ae meteorologist

ōceanographus -ī; -a -ae oceanographer

oecologus -ī; -a -ae ecologist

oeconomus -ī; -a -ae economist

philologus -ī; -a -ae > **philologus classicus** = classicist > **philologus Germānicus** = Germanic philologist > *etc.*

philosophus -ī; -a -ae philosopher

philosophus nātūrālis -ī -is; -a -ae -is -is scientist (*also* **nātūrae historicus** *or* **physicus**, *the latter of which, however, can nowadays be misleading; less formally* **scientificus/a** *or* **scientālis**)

physicus -ī physicist; "scientist" (*in ancient times, though a confusing term nowadays*) > **physica** *f* = physics; female physicist

praeceptor -tōris; -trīx -trīcis educator, instructor > **scholae superiōris/secundāriae praeceptor, praeceptōris** = high school teacher > **praeceptor prīvātus** = tutor

prōcūrātor litterārius, -tōris -ī, -trīx -a, -trīcis -ae literary agent

prōfessor -tōris; prōfestrīx -trīcis professor

psȳchologus -ī; -a -ae psychologist

redāctor -tōris; -trīx -trīcis (copy) editor, proofreader (*also* **corrēctor**)

rhētor -tōris *c* rhetorician

sociologus -ī; -a -ae sociologist (*more formally* **coenōnologus/-a**)

statisticus -ī; -a -ae statistician

typographus -ī; -a -ae printer, typesetter

zōologus -ī; -a -ae zoologist

AEDIFICATORIA
(Construction)

aedificātor -tōris builder (*also* **structor**) > **aedificia exstruere** = to build buildings

agrimēnsor -ōris surveyor (*also* **decempedātor**)

architectus -ī; -a -ae architect

laterum structor -tōris bricklayer, mason (*also* **caementārius**) > **later lateris** *m* = brick > **arēnātum** = mortar

redemptor -tōris contractor (*also* **ergolabus**)

structor -tōris builder

AĒRONAUTICA ET COSMONAUTICA
(Aeronautics and Space)

āēronāvium probātor -tōris; -trīx -trīcis test pilot

āēroplanīga -ae *c* (airplane) pilot

astronauta -ae *c* astronaut > **cosmonauta** *c* = cosmonaut

commeātūs āēriī moderātor -tōris; -trīx -trīcis air traffic controller

māchinātor āēronauticus -tōris -ī; -trīx -a, -trīcis -ae aeronautics engineer

AGRARIA
(Agriculture)

agricola -ae *c* farmer

arborātor -tōris; -trīx -trīcis orchardist

armentārius -ī cowherd, cowboy (*or* **būsequa**) (*cf.* **bubulcus**)

bubulcus -ī ploughman (*esp. one who uses an ox; also* **arātor**)

operārius agrārius, -ī -ī farm/agricultural worker

pāstor -tōris shepherd > **pāstor fēmina** = shepherdess

pōmōrum collēctor -tōris; -trīx -trīcis fruit picker

upiliō -ōnis (= **pāstor** *see above*)

vītium cultor -tōris vintner

ARTES ELEGANTES
(Fine Arts)

artifex -icis *c* artist (*of any sort*); skilled worker, craftsman

ballātor -tōris; -trīx -trīcis ballet dancer, ballerino/ballerina (*cf.* **saltātor**) (*also, less accurately,* **pantomīmus**)

cantātor melodrāmaticus, -tōris -ī; -trīx -a, -trīcis -ae opera singer

choreographus -ī; -a -ae choreographer

citharoedus -ī; -a -ae guitarist; folk singer, person who sings and plays a guitar or similar instrument

cūrātor -tōris; -trīx -trīcis curator; superintendent

melōdiae compositor -tōris; -trīx -trīcis composer (*also* **modōrum mūsicōrum scrīptor** *or* **compōnista** *or* **mūsūrgus**)

mūsicus -ī (**symphōniae, gregis mūsicae vibrivolventis,** *etc.*) musician (of an orchestra, rock band, *etc.*)

phōtographus -ī; -a -ae photographer

pictor -tōris; -trīx -trīcis painter

poēta -ae *m*; **poētria -ae** *f* poet

praefectus -ī symphōniae; -a -ae conductor (*of orchestra*) (*also* **praefectus mūsicae**)

(librōrum) scrīptor -tōris; -trīx -trīcis writer > **scrīptor cīnēmatographicus** = screen writer > **fābulārum (scaenicārum) scrīptor** = playwright

sculptor -tōris; -trīx -trīcis sculptor

ARTIFICIA COMMUNIA ET POPULARIA
(Trades and Crafts)

artifex -icis *c* artist; artisan, skilled craftsperson

aurifex -icis *c* jeweler

coriārius -ī; -a -ae leather worker

faber fabrī; fabra -ae craftsman, craftsperson

faber tignārius, fabrī -ī carpenter > **ex lignō fabricāre** = to construct out of wood

figulus -ī; -a -ae potter

sūtor -tōris; -trīx -trīcis shoemaker

vestificus -ī; -a -ae clothesmaker, clothes designer > **cultūs altī/lautī vestificus** = fashion designer

ATHLETICA
(Athletics)

alīpta/alīptēs -ae *c* trainer; masseur

alsūlegiālis -is field hockey player > **alsūlegiālis (glaciālis) = glacilūdius/-a** = hockey player

āthlēta -ae *c* athlete

āthlētārum exercitātor -tōris coach (*The ancient gladiators' coach was a* **lanista**.)

birotārius -ī; -a -ae cyclist

corbifolliī lūsor -ōris; -trīx -trīcis basketball player

cursor Marathonius, -ōris -ī; -trīx -a, -trīcis -ae Marathon runner

fluctitabulārius -ī; -a -ae surfer (*also perhaps more formally* **cymatodromus**; *less formally* **fluctivagus/a**)

glacilūdius -ī; -a -ae hockey player

gladiātor -tōris (generis Francogallicī); -trīx -trīcis fencer

harpasticus (Septentrioamericānus), -ī (-ī) (*American*) football player > **harpasticus Britannicus/Austrāliēnsis** = rugby player

lanista -ae *c* trainer of gladiators (*by extension perhaps also to be used for any athletic "coach"*)

librāmentōrum sublātor -tōris; -trīx -trīcis weight lifter

luctātor -tōris; -trīx -trīcis wrestler

natātor -tōris; -trīx -trīcis swimmer

nartātor -tōris; -trīx -trīcis skier

pedilūdius -ī; -a -ae soccer player

pilamalleātor -tōris; -trīx -trīcis golfer

piliclāvius -ī; -a -ae baseball player

pugil pugilis *c* boxer

teni(si)lūdius -ī; -a -ae tennis player

ūrīnātor -tōris; -trīx -trīcis diver

CIBARIA
(Food Industry)

bellāriōrum cōnfector –oris confectioner > **bellāria** *npl* = sweets, dessert, confections

cāseārius -ī; -a -ae cheese dealer; cheesemonger

caupō -ōnis *m* innkeeper; restauranteur (**popīnārius** *if the restaurant is more modest*)

caupōna -ae hostess (*in restaurant or inn*)

coquus -ī; -a -ae cook > **coquus perītus** *or* **culīnae magister** = chef > **archimagīrus** = master chef

cuppēdinārius -ī; -a -ae caterer; delicatessen owner > **cuppēdia -orum** *npl* = catered food; delicatessen food; sweets (*also* **hēdyphagēticus**, *etc.*)

dapifer -ī; -a -ae waiter, waitress (*also* **triclīniārius/a, cibōrum minister/tra**)

expressārius -ī; -a -ae barista

lanius -ī; -a -ae butcher

macellārius -ī; -a -ae grocer > **obsōnia** *or* **cibāria** = groceries

(popīnae) mediastīnus -ī; -a -ae busboy/busgirl (*also* **analecta** *c*)

pincerna -ae *c* bartender, one who mixes drinks; cup-bearer (*also* **pōtiōnum ministrātor** *or* **caupō**)

piscātor -tōris; -trīx, -trīcis fisherman/fisherperson

pīstor -tōris; -trīx, -trīcis baker > **pīstor dulciārius/bellārius** = pastry chef (*Be careful of the feminine word **pistrīx**, *which means "big shark" or "sea monster."*)

pōmārius -ī; -a -ae fruit dealer; fruiterer

trīclīniarchēs/a -ae *c* maître d', head waiter; hostess (*also* **architrīclīnus/-a**)

COMMERCIUM, TABERNAE, CET.
(Business and Trade)

antīquārius -ī; -a -ae antique dealer

arcārius -ī; -a -ae cashier

cōnsiliātor fīdūciārius, -tōris ī financial advisor

cōnsultor -tōris; -trīx -trīcis consultant

fullō -ōnis dry cleaner (*also, less formally,* **nacca** *c*)

īnstitor -tōris; -trīx -trīcis traveling salesman/saleswoman; hawker > **īnstitor telephōnicus** = telemarketer

magnārius -ī; -a -ae wholesaler

magnās -ātis commerciālis magnate, tycoon

mercātor -tōris; -trīx -trīcis merchant

negōtiātor -tōris; -trīx -trīcis businessman/woman > **negōtium exercēre** = to run a business

ōrnātor -tōris; -trīx -trīcis beautician, hairdresser

petroleārius -ī; -a -ae oil man, oil person, someone in the oil industry

pollīnctor -tōris; -trīx -trīcis undertaker, mortician (*also* **libitīnārius** = mortician) > **vespillō/vispillō -ōnis** *or* **tumulōrum fossor** = gravedigger

praepositus -ī; -a -ae manager, boss, supervisor (*also* **praefectus/a, magister/tra**)

propōla -ae *c* retailer (*also* **distractor**) ≠ **magnārius** (*see above*)

rērum immōbilium vēnditor -tōris; -trīx -trīcis (*also* **rērum immōbilium prōcūrātor**) real estate agent

sarcinātor -tōris; -trīx -trīcis tailor, seamstress

stlattārius -ī; -a -ae importer

tabernārius -ī; -a -ae salesperson, clerk

tōnsor -ōris, -trīx -trīcis barber, haircutter

vēnditor -tōris; -trīx -trīcis salesperson

vestiārius -ī; -a -ae clothing sales person, clerk in a clothing store

vīnārius -ī; -a -ae wine merchant

DOMESTICA
(Domestic Work)

ancilla -ae maid (*also, in house,* **famula**)

cellārius -ī butler; wine-keeper (*also* **prōmus,** *q.v.*)

cubiculārius -ī; -a -ae butler, valet, houseboy; (*chamber*) maid

hortulānus -ī; -a -ae (*vegetable*) gardener (*cf.* **topiārius**)

māterfamiliās mātrisfamiliās *f* housewife, mistress of a household (*also* **domiseda**); "lady"

natābulārius -ī pool boy

nūtrīcula -ae babysitter

nūtrīx -trīcis *f* (*children's*) nurse, nursemaid; nanny

paterfamiliās patrisfamiliās *m* male head of a household; "house husband" (*also* **domiseda** *c*)

prōmus -ī cellar-keeper, wine steward; butler (*cf.* **condus,** *who is the one who lays up provisions*)

raedārius -ī; -a -ae chauffeur (*also* **carrūcārius,** *who drives a limousine*)

topiārius -ī; -a -ae (*ornamental*) gardener, landscaper

vīlicus -ī; -a -ae steward, majordomo (*also* **oeconomus, epitropus, prōcūrātor**)

INFORMATICA
(Information Technology)

computātōrius programmātor, -ī -tōris; -a trīx, -ae -trīcis computer programmer

effrāctor computātōrius, -tōris -ī hacker

māchinātor computātōrius, -tōris -ī computer engineer

mēchanicus computātōrius, -ī -ī (*also* **opifex computātōrius**) computer repairman, hardware specialist

technicus computātōrius, -ī -ī computer tech(nician)

IN OFFICIORUM SEDE
(Office Work)

administer -trī; -tra -trae administrator (*varies with context:* **decānus, rēctor, praepositus,** *etc.*) > **officīnae/dīvīsiōnī/ societātī praeesse** = to be in charge of an office/department/company

adiūtor administrātīvus, -tōris -ī; -trīx -a, -trīcis -ae administrative assistant (*also* **officiālis administrātīvus** or **praefectus/-a** + *dat/gen*)

āmanuēnsis -is *c* secretary

clēricus -ī; -a -ae clerk (*also* **scrība**)

ministrōrum minister -trī; -tra -trae personnel (*"human resources"*) officer

officīnātor -tōris; -trīx -trīcis foreman, office manager, foreperson (*in an* **officīna**; *also* **commentāriēnsis, prīmiscrīnius, praepositus graphēī, officiī moderātor**)

praefectus -ī; -a -ae boss, supervisor

prōcūrātor -tōris; -trīx -trīcis supervisor; agent, liaison

salūtātor -tōris; -trīx -trīcis receptionist

ITINERA
(Travel)

bāiulus -ī porter; (**dēversōriī**) bellhop; (**āěrius**) skycap

itinerum prōcūrātor -tōris; -trīx -trīcis travel agent

minister āěrius, -ī -ī; -a -a, -ae -ae flight attendant

raedae longae gubernātor -tōris; -trīx -trīcis bus driver (*also* **lāophoriī gubernātor** *or* **coenautocīnētī gubernātor**)

raedae onerāriae gubernātor -tōris; -trīx -trīcis truck driver

raedārius -ī; -a -ae driver, chauffeur

MARITIMA
(Maritime)

bāiulus portuārius, -ī -ī longshoreman, dock worker (*also* **bāiulus lītorālis**)

magister -trī nāvis; -tra -trae ship's captain, skipper (*also* **nauclērus/-a**), (*private or commercial*) ship's captain (*cf.* **nauarchus** *in the following section*)

naupēgus -ī; -a -ae shipbuilder

nauta -ae *c* sailor

pīrāta -ae *c* pirate (*also* **cursārius,** *more formally* **praedātor maritimus**)

praefectus -ī portūs; -a -ae harbor master

MILITARIA ET VIGILARIA
(Military, Police, Rescue)

appāritor -tōris; trīx -trīcis bailiff

balneātor -tōris; trīx -trīcis lifeguard

capitātor -tōris; trīx -trīcis bounty hunter

centuriō -ōnis *c* (*army*) captain (*lit:* centurion); **centuriō māior** = sergeant-major; major

classis praefectus -ī; -a -ae admiral > **classis praefectus/-a secundus/-a** = vice admiral

cohortium praefectus-ī; -a -ae brigadier general

contubernālis -is *c* cadet

corniculārius -ī corporal (*also* **optiō** *m*)

custōs -ōdis *c* guard

decuriō -ōnis *c* sergeant

dux ducis (generālis) general

ēmissārius -ī; -a -ae secret agent (*cf.* **speculātor**)

geraefa -ae *c* sheriff

imperātor -tōris (mīlitāris) chief-of-staff; field marshal; (**cīvīlis**) (*civilian*) commander-in-chief

īnstructor -tōris (centuriae mīlitum) (*drill*) sergeant (*also* **campidoctor**)

internūntius -ī; -a -ae liaison officer

investigātor -tōris; -trīx -trīcis researcher; detective (*also* **perscrūtātor**)

lēgātus ī; -a -ae (cum pūblicā auctoritāte) ambassador > **lēgātus parlāmentāris** = representative, parliamentary delegate > **lēgātus legiōnis** = commander of a legion, legate > **lēgātus mīlitum** = staff officer, major > **lēgātus foederālis** *or* **"mareschallus" foederālis** = federal marshal

locumtenēns -entis *or* **lēgātus suffectus, -ī -ī** lieutenant (*also* **succenturiō māior**)

mīles mīlitis *c* soldier > **mīles gregārius** = private > **mīles dēciduus** = paratrooper

nauarchus -ī; -a -ae captain (*of a warship*)

quaesītor -tōris judicial/legal investigator

(vigil) sīphōnārius, (-is) ī; (vigil) -a, (-is) -ae fireman, fire fighter

satelles satellitis *c* bodyguard

speculātor -tōris; -trīx -trīcis scout; spy

succenturiō māior, -ōnis -is *c* lieutenant (*also* **locumtenēns** *qv*)

tribūnus -ī mīlitum; -a -ae colonel > **tribūnus mīlitum vicārius** = lieutenant-colonel

vigil vigilis *c* policeman > **pūblicus/-a** = police officer > **biocōlўta** = peace officer

OBLECTAMENTA et MEDIA COMMUNICATIONIS
(Entertainment and Communications)

aestimātor -tōris; trīx -trīcis critic (*also* **cēnsor**)

animātor -tōris (dēlīneāns); trīx -trīcis animator

annūntiātor -tōris; -trīx -trīcis announcer

cantor -tōris singer; **cantor** > **cantātor/-trīx** = musician, singer, minstrel > **cantor melodrāmaticus** = opera singer > **hymnologus** = church singer > **melōdēs -is** = a pleasing or charming singer > **citharoedus** = one who sings and accompanies himself on guitar

chorāgus -ī *c* producer

chorus -ī (canentium) chorus

cīnēmatographus -ī; -a -ae cinematographer

cōmoedus -ī; -a -ae comic actor, comedian

diurnārius -ī; -a -ae journalist (*also* **relātor**) > **ācta diurna** = newspaper; news (program) > **relātor phōtographus** = photojournalist

exceptor (cīnēmatographicus), -tōris (-ī); -trīx (-a) -trīcis (-ae) cameraman, camera operator

fābulārum scrīptor, -tōris; -trīx -trīcis playwright (*also* **scaenicārum scrīptor**)

fūnambulus -ī; -a -ae tightrope-walker; acrobat (*also* **schoenobatēs -ae** *c*)

hariolus -ī; -a -ae fortune-teller

histriō -ōnis *c* actor, actress (*also* **scēnica** = actress; **āctor/-trīx** = actor/actress)

illūminātor -tōris; trīx -trīcis best boy > **illūminātōris adiūtor** = best boy grip > **illūminātōrum praefectus** = gaffer

imāginātor -tōris; trīx -trīcis illustrator

lampadārius -ī; -a -ae usher

magister -trī pelliculae (film) director (*also* **scaenārum dispositor/moderātor/praefectus**)

magus -ī magician > **ars magica** = magic (*cf.* **praestīgiātor**)

mūsicus -ī; -a -ae musician (**symphōnia** = orchestra; **grex mūsicae vibrivolventis** = rock-and-roll band)

praecō -ōnis *c* herald, announcer, spokesman, caller, crier (**tēlevīsōrius, mīlitāris, praesidentālis, saltātiōnum quadrātārum,** *etc.*)

praestīgiātor -tōris; -trīx trīcis juggler; trickster, cheat, impostor; illusionist

prōcūrātor -tōris; trīx -trīcis agent

prōiectista -ae *c* projectionist

saltātor -tōris; -trīx -trīcis dancer

scrīptor cīnēmatographicus, -tōris -ī screenwriter

scurra -ae clown (*also* **dossennus/dossēnus**) > **iocārī, nūgārī** = to play jokes, horse around

tesserārius -ī; -a -ae ticket-seller (*also* **schedulārius**)

OPERARIA, MACHINALIA, ELECTRICA
(Machinery, Metals, Electricity)

aedificātor viārius, -tōris -ī road worker, road builder

clāviculārius -ī; -a -ae locksmith

ēlectridis artifex -icis *c* electrician > **ēlectris -idis** *f* = electricity

ferrārius -ī; -a -ae hardware dealer

hamaxūrgus -ī auto maker

lignātor -tōris lumberjack (*also* **lignicīda**)

māchinārius -ī; -a -ae operator of machinery; machinist

māchinātor -tōris; -trīx -trīcis engineer

mēchanicus (opifex), -ī (-icis) mechanic > **mēchanicus raedārius** = auto mechanic

metallārius -ī; -a -ae miner

metallōrum faber fabrī metal worker

officinātor -tōris; -trīx -trīcis foreman, foreperson

operārius -ī; -a -ae (manual) laborer

(artifex) plumbārius, (-is) -ī; -a, -ae plumber (*also* **faber hydraulicus**)

PECUNIARIA
(Finance)

argentārius -ī; -a -ae banker

assēcūrātiōnum vēnditor -tōris; -trīx -trīcis insurance salesperson (*also* **cautiōnum vēnditor**)

cautor -tōris one who is surety or bail for someone; a bail bondsman

cōnsiliātor fidūciārius, -tōris -ī financial adviser

(argentāriae) ēnumerātor -tōris; -trīx - trīcis bank teller

(sortium) permūtātor -tōris; -trīx -trīcis stock broker > **permūtātor diurnus** = day trader

ratiōcinātor -tōris; -trīx -trīcis accountant (*also* **ratiōnārius/-a**) > **assēcūrātiōnum ratiōcinātor** = actuary (*also* **āctuārius**)

RES PUBLICA, IURISPRUDENTIA, OFFICIA PUBLICA
(Politics, Jurisprudence, Civil Service)

accūsātor (pūblicus), -tōris (-ī); -trīx (-a), -trīcis (-ae) district attorney, public prosecutor

advocātus -ī; -a -ae defense attorney

cancellārius -ī; -a -ae chancellor

causidicus -ī; -a -ae lawyer, litigator

cūrātor -tōris sociālis; -trīx -trīcis social worker

(operārius) cursuālis, (-ī) -is; (-a) (-ae) postal worker

decuriō -ōnis *c* city/town councilperson

(vectīgālium) exāctor -tōris; -trīx -trīcis tax collector (*also* **pūblicānus/-a**)

graphēocratēs -ae *c* bureaucrat (*also, less pejoratively,* **appāritor**)

iūdex -icis *c* judge > **iūdex iūrātus** *or* **duodecimvir** = juror

magistrātus -ūs *m/c* magistrate, public official > **magistrātus vicārius** = justice of the peace

minister prīmus, -trī -ī; -tra -a, -trae -ae prime minister

(homō) politicus, (-inis) -ī politician (*also* **quī (in) rē pūblicā versātur**)

praefectus -ī; -a -ae urbī/urbis/oppidō/ oppidī mayor (*informally* **"būrgomagister/-tra"**)

(cīvitātis) praeses -idis *c* governor (*also* **praefectus/-a cīvitātī**)

(terrae/nātiōnis) praeses -idis *c* president (*also* **praesidēns -entis** *c*)

ratiōcinātor pūblicus lēgitimus, -tōris -ī -ī; -trīx -a -a, -trīcis -ae -ae certified public accountant

saltuārius -ī; -a -ae forest ranger

tabellārius -ī; -a -ae mailman, letter-carrier > **epistulās reddere** = to deliver mail

tabulārius -ī; -a -ae (city) clerk

vestibulārius (politicus), -ī (-ī); -a (-a), -ae (-ae) lobbyist > **per vestibula ambīre** = to lobby

SACRA
(Religion)

abbās -ātis *m* abbot > **abbātissa** *f* = abbess

aedituus/aeditumus/aeditimus -ī; -a -ae sacristan (*also* **custōs templī**)

allachisignānus -ī ayatollah (*perhaps more literally* **deīsignānus**; *less formally* **āiatollachus**)

ananchōrēta -ae *c* hermit, anchorite (*also* **erēmīta**)

antistēs antistitis chief/high priest; bishop

cantor -tōris *m* cantor

cappellānus -ī (honōrārius Summī Pontificis) monseigneur, monsignore

cardinālis -is *m* cardinal

cūrātor -tōris *m* curate (*also* **cūrātus, cūriō**)

Dalaeus Lama, -ī -ae Dalai Lama (*more formally perhaps* **Pontifex Māximus Tibetānus**)

dīvīnus, -ī shaman (*also, somewhat less accurately,* **incantātor, magus, vātēs;** *perhaps also, though more negative,* **sāgus; samānus** *could also be used*)

episcopus -ī bishop (*cf.* **praesul**) > **archiepiscopus** = archbishop

gymnosophista -ae *c* yogi (*also* **magister iogicus**)

(ecclēsiālis) minister -trī minister

missiōnārius -ī; -a -ae missionary

monachus -ī monk > **monacha** = nun (*also* **sanctimōniālis**)

mullāchus -ī *m* mullah (*also* **sacerdōs Islāmicus/Mahometānus**)

ōrātor (rēligiōsus), -tōris -ī; -trīx -a, -trīcis -ae preacher (*also* **contiōnātor** *or* **praedicātor**, *q.v.*)

papa -ae *m* pope (*officially* **Pontifex Māximus** *or* **Summus Pontifex;** "**Prēsul Rōmānus**")

pāstor -tōris *m* shepherd; (*relig.*) pastor

praedicātor -tōris; -trīx -trīcis preacher (*also* **ōrātor/doctor sacer/rēligiōsus**)

praefectus -ī mūsicōrum; -a -ae music director, Kapellmeister (*also* **mūsicōrum/symphōniacōrum/concentūs magister**)

praesul/prēsul -is lead dancer in religious processions; bishop (*medieval*)

rabbīnus -ī rabbi

sacerdōs -ōtis *c* priest/priestess (*also* **sacrificus/-a** *or* **presbyter -ī**)

sānātor rēligiōsus, -tōris -ī; -trīx -a, -trīcis -ae faith healer (*cf.* **thaumatūrgus**)

sapientiae magister -trī; -tra -trae wisdom master, Buddhist teacher

sēmināriānus -ī seminarian (*cf.* **sēmināriī alumnus/particeps** = seminar participant)

thaumatūrgus -ī; -a -ae miracle-worker; faith-healer

theologus -ī; -a -ae theologian

vicārius -ī; -a -ae vicar

VALETUDINARIA
(Health Care)

aegrōrum ministra -trae; -ter, -trī nurse

anaesthēsiologus -ī; -a -ae anesthesiologist

chīropractōr -tōris; -trīx -trīcis chiropractor

chīrūrgus -ī; -a -ae surgeon

cōnsiliātor -tōris; -trīx -trīcis counsellor

dentārius medicus, -ī -ī dentist (*less formally* **dentista -ae** *c*)

dermatologus -ī; -a -ae dermatologist

gastroenterologus -ī; -a -ae gastroenterologist

medicāmentārius -i; -a -ae pharmacist, druggist

medicus -ī; -a -ae physician, (*medical*) doctor > **medicus/-a nātūrālis** = naturopath

nosocomus -ī; -a -ae nurse (*See also* **aegrōrum ministra**.)

oncologus -ī; -a -ae oncologist

psȳchiāter -trī; -tra -trae psychiatrist

radiologus -ī; -a -ae radiologist (*more formally* **actīnologus**)

therapeuta -ae *c* therapist > **sōmatotherapeuta** = physical therapist > **glōttotherapeuta** = speech therapist > **psȳchotherapeuta** = psychotherapist

(medicus) veterinārius -ī; -a -ae veterinarian

LOCI LABORIS
(Workplaces)

abbātia -ae abbey

acadēmīa -ae academy; institution of higher education

āëriportus -ūs *m* airport (*also sometimes* **āëroportus**)

ager agrī field

āleātōrium -ī casino, gaming house (*also* **taberna āleātōria**)

apothēca -ae warehouse

(taberna/mēnsa) argentāria -ae bank

athēnaeum -ī university (*or* [**studiōrum**] **ūnīversitās**)

basilica -ae courthouse (court = **tribūnal tribūnālis** *n or* **cūria -ae**); basilica

bibliothēca -ae library

bibliopōlīum -i bookstore (*also* **taberna librāria**)

carcer carceris *m* jail (*cf.* **ergastulum**)

cathedrālis (ecclēsia), -is (-ae) cathedral

caupōna -ae inn; tavern; (*finer*) restaurant

cīnēmatographicum (theātrum), -ī (-ī) movie theater (*less formally* **cīnēmatēum**)

collēgium -ī college; guild, labor union (*perhaps to be distinguished from the former meaning by use of older form:* **conlēgium**)

cuppēdināria -ae delicatessen (*also* **hēdyphagētica**)

dēversōrium -ī hotel (*also* **xenodochīum**; *less formally* **hospitium**, *meaning literally* "guest quarters"; *very informally* **stabulum**)

diribitōrium cursuāle, ī -is post office (*also* **cursūs pūblicī diribitōrium** *or* **aedēs cursuālēs**)

ecclēsia -ae church

ergastulum -ī prison, penitentiary

fabrica -ae factory; studio (*also* **officīna** = workplace; **ergastērium** = factory) > **ergastērium petroleō purgandō** = oil refinery

forum/macellum piscārium, -ī -ī fish market

forus lūsōrius, -ī -ī game arcade

fullōnica -ae dry cleaner's (establishment)

fundus -ī farm

gemmāria -ae jewelry store

glaciēī dulcis popīna -ae ice cream parlor (ice cream = *also* **glaciēs edūlis/cibāria**; **crāmum/crēmum gelidum; flōs lactis dulcis**)

gymnasium -ī gymnasium (*also* **palaestra**)

(taberna) hēdyphagētica, (-ae) -ae delicatessen

hippodromus -ī race track (*also* **circus**)

hortī oblectāriī, -ōrum -ōrum amusement park; pleasure garden

īconopōlīum/īconopōlium -ī art gallery; art dealership

laniēna -ae butcher shop

lātrīna -ae lavatory (*also* **locus sēcrētus**; *outside in public* **forica**)

(vestium) lavātōrium -ī launderette, laundromat > **lavandāria** *npl* = laundry

lēgātio -ōnis *f* embassy (*or, perhaps more accurately,* **lēgātiōnis sēdēs**)

librāria -ae bookstore (*also* **bibliopōlīum**)

lūdus (grammaticus), -ī (-ī) ("grammar") school

macellum -ī shopping center; (*public*) market > **magnum macellum** *or* **macellum internum** = mall > **macellum (cibārium)** = supermarket (*also perhaps* **hyperagora**, *as in Greek*)

macellulum -ī convenience store, minimart

medicāmentāria -ae drugstore; pharmacy

medicīna -ae doctor's office (**medicāmentum** *or* **medicāmen medicāminis** = medicine, drug)

meschīta -ae mosque

metallum -ī mine (*also* **fodīna**)

monastērium -ī monastery; convent (*also* **coenobium**)

mūsēum/mūsaeum -ī museum

nāvāculum -ī harbor, port, anchorage

nāvālia -um *npl* shipyard (*also* **nāvāle** *n*)

nāvis -is *f* ship > **nāvis piscātōria** = fishing boat

nosocomīum -ī hospital (*also* **valētūdinārium**)

officīna -ae workplace; workshop; factory; laboratory (*sometimes also* **labōrātōrium**); office

officīna -ae pōmōrum compōnendōrum fruit-packing shed

officīna serrātōria, -ae -ae sawmill

ōrnātrīna -ae beauty salon

pantopōlīum -ī department store

phrontistērium -ī think-tank, research institute; (*Hindu*) ashram

pinacothēca -ae art museum (*esp. for painting*)

pīstrīna -ae bakery > **pīstrīna dulciāria/ bellāria** = pastry shop

pollīnctōrium -ī funeral home

pōmārium -ī orchard

popīna -ae (*more modest*) restaurant

rēgia -ae palace

rēligiōnum locus, -um -ī place of worship (*pl* **rēligiōnum locī**)

sacharoplastīum -ī sweet shop

scaena -ae stage > **scaena cīnēmatographica** = movie set

schola secundāria, -ae -ae high school (*also* **schola superior**; *in some countries also* **lycēum**, *less accurately* **gymnasium**)

stadium -ī stadium

statiō -ōnis *f* station

statiō ferriviāria, -ōnis -ae railroad station > **statiō raedārum longārum** *or* **statiō coenautocīnētica** = bus station > **statiō benzīnāria** = gas station

sūtrīna -ae shoemaker's shop, shoe factory

synagōga -ae synagogue

taberna -ae store > **taberna alimentāria** = grocery store; **taberna/sēdēs assēcūrātōria/cautiōnāria** = insurance agency; **taberna āthlētica** = sporting goods store; **taberna bellāria/ bellāriōrum** = pastry shop; **(taberna) bogulāria** = bagel shop; **taberna/sēdēs (bonōrum) immōbilium** = real estate agency; **taberna chartāria** = stationery store; **taberna cīnēmatographica** = video store; **taberna vestiāria** = clothing store; **taberna ferrāria** = hardware store; **taberna flōrālis** = flower shop; **taberna pignerātīcia** = pawnshop; **taberna pōtōria** = bar, saloon; **taberna textilium** *or* **textrīna** = fabric store

tablīnum -ī study, office (*esp. private*)

templum -ī temple

tesserārum diribitōrium -ī ticket office > **ōstiolum tesserārium** = ticket window

theātrum -ī theater

thermopōlīum/thermopōlium -ī coffee shop; coffee house; café

tōnstrīna -ae barber shop; hair salon

vīnētum -ī *or* **vīnea** vineyard

viridārium -ī plantation; pleasure garden > **Viridārium Centricum** = Central Park

vīvārium -ī animal preserve; warren; park; fish hatchery (*also* **ōvārium**)

vorātrīna -ae fast-food stand, *etc.*

zōotrophīum -ī zoo (*also* **thērotrophium** *or* **hortī zōologicī**)

Adiectīva

difficilis -e difficult

facilis -e easy

gravis -e serious; weighty, important

iūcundus -a -um pleasant, enjoyable; interesting

labōre/opere/mūnere (invītē) vacuus -a -um unemployed

labōriōsus -a -um demanding much work, toilsome, laborious

longus -a -um long

molestus -a -um boring, tiresome; troublesome

mūnere fungēns -entis employed, (*professionally*) engaged

nūllus -a -um *irreg* no, not a single

occupātus -a -um employed

Locūtiōnēs

in opere at work

EXERCITATIO II

"Ubi opus facit magister?"/"Ubi operātur* magister?"

> **Exempla:**   I. Ubi magister opus facit?/Ubi magister operātur?
>
>   II. Magister in lūdō opus facit./Magister in lūdō operātur.
>
>   I. Quis in caupōnā opus facit?/Quis in caupōnā operātur?
>
>   II. Coquus et ministrī in caupōnā labōrant/operantur/
>   mūnere funguntur.

1. Ubi medicus opus facit?
2. Ubi saltātrīx opus facit?
3. Ubi metallārius opus facit?
4. Ubi professor opus facit?
5. Ubi histriō opus facit?
6. Ubi coquus?
7. Ubi magistra?
8. Ubi aegrōrum ministra?

9. Quis in ecclēsiā operātur?
10. Quis in officīnā chēmicā operātur?
11. Quis in thermopōliō operātur?
12. Quis in pōmāriō operātur?
13. Quis in tōnstrīnā operātur?
14. Quis in fabricā?
15. Quis in basilicā?
16. Quis in pīstrīnā?

*Operārī is a deponent verb: **operor** = I work, **operāris** = you work, **operātur** = he/she works, etc. **Labōrāre** means to do laborious physical work: -**Quis in agrō labōrat?** -**Agricola.** It can also mean "to suffer."

EXERCITATIO III

"Quod mūnus habet pater tuus?"

"Quō mūnere fungitur* pater tuus?"

> **Exempla:**   I. Quod mūnus habet pater tuus?/Quō mūnere fungitur
>   pater tuus?
>
>   II. Pater est coquus. In caupōnā magnā labōrat.
>
>   III. Quod mūnus habet māter tua?
>   IV. Māter mea est māterfamiliās. Domī labōrat.
>
>   III. Et frātrēs?
>   IV. Frātrum alter est pictor; alter adhūc discipulus est.

*Fungor is a deponent verb that takes the ablative case: **fungor** = I do/perform, **fungeris** = you do/perform, **fungitur** = he/she does/performs, etc.

EXERCITATIO IV

"Haec forīs faciō."

Ūnā cum ūnō duōbusve aliīs discipulīs aliquot ex illīs imāginibus spectā quae in pāginā 72 positae sunt ac tē haec similiave forīs facere finge animō. Comitī fābulam brevem dēscrībe. Comes fābulam tuam magistrō posteā nārrābit.

Together with one or two other students look at the pictures on page 72 and imagine that you do these or similar things while away from home. Describe your story to your partner. Later, your partner will describe to the teacher what you have imagined.

EXERCITATIO V

"Quod mūnus, tuā sententiā, est optimum?"

Exempla:
- I. Quod mūnus, tuā sententiā, est optimum?
- II. Bellāriōrum cōnfectōris, quod bellāria me valdē dēlectant.
- I. Meā quidem sententiā, physicī, quod physica mē tenet.

- II. Quod mūnus est pessimum?
- I. Pīstōris mūnus est pessimum, quod noctū surgit.

1. Quod mūnus est optimum?
2. Quod mūnus est pessimum?
3. Quae mūnera optima salāria praebent?
4. Quae mūnera pessima salāria praebent?"
5. Quae mūnera longum studium postulant?
6. Quae mūnera baccālaureātum postulant?
7. Quae mūnera gradum magistrālem postulant?
8. Quae mūnera doctōrātum postulant?
9. Quae mūnera nūlla studia postulant?
10. Quae mūnera labōriōsa sunt?
11. Quae mūnera tibi arrīdent?
12. Quae mūnera sunt gravia?
13. Quae mūnera sunt difficilia?
14. Quae mūnera sunt facilia?
15. Quae mūnera sunt molesta?

1. **cordī esse:** to please, be agreeable to, be important to > **Quod tibi magnopere cordī est, mihi vicissim vehementer displicet.** = What you find very agreeable, I strongly dislike.

2. **sēcum pugnāre:** to be inconsistent > **Argumenta Mārcī saepe sēcum pugnant. Ratiōnibus eius nōn fīdō.** = Marcus' arguments are often inconsistent. I don't trust his reasoning.

3. **diem dē/ex diē:** from day to day, day after day > **Diem dē diē Adēlae adventum exspectāmus; illa autem nesciōquā causā nōndum vēnit.** = From each day to the next, we expect Adela's arrival; but for some reason she has yet to come.

4. **in diēs:** as the days proceed, every day, increasingly > **Randulfus in diēs pinguēscit.** = Randy gets fatter every day.

5. **in diem:** each day, daily (= **cottīdiē**) > **In diem dōnantur pauperibus panēs singulī.** = Each day the poor are given one loaf of bread apiece.

6. **prīmō mēnse:** at the beginning of the month > **Prīmō mēnse ad diaetarchum mercēdem mittere soleō.** = I usually send my landlord the rent at the beginning of the month.

7. **ex ōrdine:** in order; taking turns, one after another > **Tālibus in certāminibus poētae ex ōrdine recitant.** = In that sort of contest, the poets take turns reciting.

8. **ē/prō rē nātā:** as the circumstances dictate, spontaneously, on the spur of the moment; at once > **Quī causidicus esse cupit ē rē nātā agere et dīcere posse dēbet.** = Whoever wants to be a litigator has to be able to act and speak as the circumstances dictate.

9. **ex sententiā:** to one's liking > **Haec rēs nōn mihi ex sententiā prōcēdit.** = This situation is not turning out the way I wanted.

10. **ex animī sententiā:** to the best of my knowledge (and belief) *(often used in formal assertions)* > **Ex animī sententiā Gāius neque nunc uxōrem habet neque umquam habuit.** = To the best of my knowledge, Guy is neither married now nor was he ever married.

11. **Mihi arrīdet:** It appeals to me. > **Vilelmō nostrō mūnus dentārium nōn admodum arrīdet.** = The dental profession doesn't exactly appeal to our friend William. (*cf.* **Mē arrīdet.** = He laughs at me.)

12. **litterās discere:** to learn to read and write > **Samuēl, etsī quadrāgintā annōs nātus, nunc tandem nōn sōlum litterās discit sed etiam carmina pangit sua!** = Sam, although forty years old, is now finally not only learning to read and write but is also composing his own poems!

13. **Sūs Minervam (docet):** a stupid person wants to instruct a wise one > **Leslia in conventibus nostrīs Barbarae praefectae scientiam suam ostentāre assiduē cōnātur—sūs scīlicet Minervam docēns!** = In our meetings, Lesley is always trying to display her knowledge to our boss Barbara...as if that dumbell could teach her anything!

14. **opus est** (+ *dat hominis* + *abl reī*): to need > **Manifestō nōbīs opus est novō domiciliō.** = Clearly we need new living quarters.

15. **eandem cantilēnam (semper) canere:** to keep harping on the same theme > **Quia eandem cantilēnam semper canit, istum hominem iam tolerāre potest nēmō.** = Because that guy just keeps harping on the same theme, nobody can put up with him any more.

16. **nōn nēmō:** many, quite a few (actually) > **Eam dēsipere nōn nēmō videt.** = Actually quite a few people can see that she's acting stupidly.

17. **Parēs cum paribus facillimē congregantur:** Birds of a feather flock together. *Also:* **Cicada cicadae cāra, formīca formīcae. > In scholā nostrā conversārī inter sē solent palaestricī cum palaestricīs, animātōrēs cum animātōribus, artificiolī cum artificiolīs, scientālēs cum scientālibus et ita porrō. Vidēlicet, ut ubīque, hīc quoque parēs cum paribus facillimē congregantur.** = At our school, the jocks tend to hang out with the jocks, the cheerleaders with the cheerleaders, the art crowd with the art crowd, the science types with the sciences types, etc. In other words, just as everywhere, here too birds of a feather flock together.

18. **Meae farīnae est:** He/She is my sort of person/my cup of tea > **Quia is nostrae farīnae est, ad cēnam eum vocāre volumus.** = Because he's our sort of person, we want to invite him to dinner.

19. **prō certō habēre** (*or* **certum scīre**): to know for certain, be sure > **Petrum diaetam inhabitāre prō certō habeō.** = I know for sure that Peter lives in an apartment.

20. **aegrē ferre:** not to be able to bear/stand/ put up with > **Mīmōs prōrsus aegrē ferunt multī.** = Many people simply can't stand mimes.

Exercitium

Singulīs paucīsve sententiīs locūtiōnēs quās didicistī tālī modō ūsurpā ut sit significātiō manifesta.

(In one or a few sentences, use the expressions you have learned in such a way as to make the meaning clear.)

1. cordī esse: _____

_____

_____

2. sēcum pugnāre: _____

_____

_____

3. diem dē/ex diē: _____

_____

_____

4. in diēs: _____

_____

_____

5. in diem: _____

_____

_____

6. prīmō mēnse: _____

_____

_____

7. ex ōrdine: _____

_____

_____

8. ē/prō rē nātā: _____

_____

_____

9. ex sententiā: _____

_____

_____

10. ex animī sententiā: _____

_____

_____

11. Mihi arrīdet: _____

_____

_____

12. litterās discere: _____

_____

_____

13. Sūs Minervam (docet): _____

_____

_____

14. opus est (+ _dat hominis_ + _abl reī_)**:** _____

_____

_____

15. eandem catilēnam canere: _____

_____

_____

16. nōn nēmō: _____

_____

_____

17. Parēs cum paribus facillimē congregantur/Cicada cicadae cāra, formīca formīcae: _____

_____

_____

18. Meae farīnae est: _____

_____

_____

19. prō certō habēre/certum scīre: _____

_____

_____

20. aegrē ferre: _____

_____

_____

Carola: Vōs omnēs convenīre volup est. Dē vōbīs mihi dīxit multa Lorēnus meus.

Toddus: Bona, ut spērō!

Carola: Plēraque. Ha hae!

Sollicitē rīdent cēterī.

Carola: Immō pēiōra nōn dīcit, quīn potius in mythistoriīs suīs scrībit, plānē mūtātīs nōminibus.

Randulfus: Paucissimōs tantum scrīptōrēs scrībendō sē ipsōs alere posse nūper lēgī.

Carola: Cum Lorēnō autem rēs aliter sē habet. Immō recentissima mythistoria eius prosperrimē prōcēdit. Aestimātōrēs laudant. Adeō in indice Temporum Neo-Eborācēnsium posita est!

Randulfus: Macte! Eōs magnopere admīror quī sēcūritātī operam creatrīcem praepōnunt. Equidem mē ut sortium permūtātōrem magnās summās cottīdiē arripientem interdum taedet.

Toddus: Num autem taedet fēriārum Tahitiae sūmptārum?

Randulfus: ...Em, fateor, nūllō modō!

Rīdent Toddus Randulfusque.

Randulfus: Cēterum, quōmodo prōcēdit argentāria tua, Todde mī? Adhūc ad ruīnam vergit? An necopīnātō sānāta est?

Carola ad abacum pōtōrium versus abit.

INTERROGATIONES DE SERMONE

1. Quis esse vidētur Carola? **2.** Quārē paulum sollicitantur Toddus Randulfusque?
3. Quid nūper patrāvit Lorēnus? **4.** Randulfus sincērē loquitur? Cūr hoc dīcis?
5. Cūr rīdent Toddus Randulfusque? **6.** Cūr Carola ad abacum pōtōrium versus abit?

Iūdex Iuditta in Tribūnālī Populārī sedet. Intrant lītigantēs trēs.

Iūdex: Quis es tū?

Garcīa: Ego sum Arthūrus Garcīa.

Iūdex: Et vōs quī estis?

I. Meier: Ego sum Iosēphus Meier. Haec est uxor mea, Lāvīnia. Arthūrus in aedificiō nostrō habitat.

Iūdex: Vōsne ergō Dominī Garcīae diaetarchī estis?

I. Meier: Sumus.

Iūdex: Vōsne etiam aedificium administrātis?

I. Meier: Ita est. In aedificiō habitāmus atque id administrāmus. Complūra quoque vestium lavātōria nostra administrō. Uxor est īnsulae administrātrīx praecipua.

Iūdex: *(ad uxōrem)*
Quidnam huic hominī crīminī datis?

L. Meier: Contrā praecepta in aedificiō fūmum haurit. Omnia in diaetā atque iuxtā foetent: aulaea, spondae, cubīlia, andrōnēs. Omnia tabācum olent.

Iūdex: Garcīa, quod est tibi mūnus?

Garcīa: Ego sum raedae longae gubernātor. Raedās longās pro mūnicipiō gubernō. Bonī inquilīnī sumus ego et uxor et fēlēs. Iam prīdem aedificium incolimus. Longē ante Meierum adventum inerāmus.

Iūdex: Quam prīdem ibi habitātis?

Garcīa: Duodēvīgintī annōs.

Iūdex: Vērumne est, domine? Contrā praecepta fūmum hauris?

Garcīa: Minimē contrā praecepta, iūdex. Ut inquilīnīs prīstinīs, licet nōbīs intrā diaetam fūmum haurīre, quamquam aliīs inquilīnīs nōn licet. In pactō inest.

Iūdex: *(ad Iosēphum Meier)*
Vērum est, Meier?

I. Meier: Vērum'st. In conductiōne inest scīlicet condiciō exclūsōria. Intrā diaetam quidem licet eīs bacilla tabācī sūgere; sed hīs septimānīs iste nōn sōlum fenestrās sed etiam ōstium antīcum apertum habuit.

Fūmum assiduē hauriēbat. Nōn tantum tabācī bacilla sed etiam pūra sūgēbat. Fūmus foetorque erant undique. Querēbantur vīcīnī.

Garcīa: Fenestrae ōstiaque aperta erant quod āëris temperātōrium nōn operātur. Intus percalidum erat.

Iūdex: *(ad Lāvīniam Meier)*
Vērum'st hoc?

L. Meier: Nesciō. Forsan.

Iūdex: *(īrāta)*
Ēcastor! ... Quid iam hodiē faciētis vōs?!

L. Meier: Quīn ... āëris temperātōrium īnspiciēmus. Sī mūnus nōn implet, aut reficiēmus aut Artūrō alterum continuō dabimus.

Iūdex: Et quid faciam ego sī hoc nōn faciētis vōs?

I. Meier: ... Hem, nōs mulctābis?

Iūdex: Quīn etiam in carcerem coniciam! Apage!

▌INTERROGATIONES DE SERMONE

1. Quī tribūnal intrant? **2.** Quī sunt Iosēphus et Lāvīnia Meier? Quod mūnus habent/Quō mūnere funguntur et quid faciunt? **3.** Quis est Arthūrus Garcīa? Quod mūnus habet/Quō mūnere fungitur? **4.** Quid Iosēphus Lāvīniaque Arthūrō crīminī dant? **5.** Quid omnia in diaetā atque iuxtā olent? **6.** Quam prīdem Garcīae in Meierum aedificiō habitant? **7.** Fūmatne Arthūrus contrā praecepta? Quid ita? **8.** Quaenam est molestia? **9.** Quid iam hodiē facient Meierēs?

Verba Temporālia

adipīscor adipīscī adeptus sum to overtake; attain, acquire (*dep*)

administrāre *tr* to manage

admīrārī to admire (*dep*)

alō alere aluī altum to nourish, rear; feed

arripiō arripere arripuī arreptum to seize; appropriate; take hold of, take in

coniciō conicere coniēcī coniectum to throw, cast > **coniciam** = I will throw (*future tense*)

dabimus we will give (*future tense of* **dare**)

dīxit "(he) said" (*perfect tense of* **dīcere**)

edō ēsse (edere) ēdī ēsum to eat

faciam I will do (*future tense* **facere**)

faciētis you *pl* will do (*future tense* **facere**)

fateor fatērī fassus sum to admit, confess

foetēre *intr* to stink; *tr* to reek of (*+ acc*)

gubernāre *tr* to drive

haurīre (hausī haustum) fūmum to smoke > **tabācī bacillum sūgere** or **tabācānī bacillī fūmum sūgere/haurīre** = to smoke a cigarette; **(tabācī volūmina) pūra sūgere** = to smoke cigars; **fistulam sūgere** or **fistulae fūmum haurīre** = to smoke a pipe (*Very informally also* **sigārum** = cigar; **sigārellum** = cigarette. *Some say* **fūmāre** *for "to smoke," as in the Romance languages.*)

implēre *tr* to fulfill (**mūnus implēre** = to fulfill one's/its function, to function, "work")

incolere *tr/intr* to live (in), reside (in), inhabit

inesse (*+ dat or in + abl*) *intr* to be in

īnspiciō īnspicere īnspexī īnspectum to examine, inspect, take a look at > **īnspiciēmus** = we will examine (*future tense*)

laudāre to praise

legō legere lēgī lēctum to read > **lēgī** = I read (*perf*)

licēre (*+ dat + inf*) *intr* to be allowed, permitted (**mihi fūmum haurīre licet** = I am permitted to smoke)

mul(c)tāre *tr* to fine, impose a fine on > **mulctābis** = you will fine (*future tense*)

mūtāre to change

patrāre to achieve, accomplish

nescīre *tr/intr* not to know (**nesciō** = I don't know)

olēre *tr* to smell of, smell like

operor operārī operātus sum (*deponent*) to busy oneself, be at work; operate (**operātur** = it operates)

praepōnō praepōnere praeposuī praepositum to put in front (of); to prefer (to) (*+ acc + dat*)

querī (*deponent*) *tr/intr* complain (about) > **querēbantur** = they were complaining (*imperfect tense*)

reficere *tr* to fix > **reficiēmus** = we will fix (*3rd conjugation, future tense*)

sānāre to cure, heal; correct, make sound; relieve

scrībō scrībere scrīpsī scrīptum to write > **scrībendō** = by writing (*abl s of gerund*)

sedeō sedēre sēdī sessum *intr* to sit

spērāre to hope

sūmō sūmere sūmpsī sūmptum to take; eat

taedet (*+ acc hominis + gen reī*) it is boring > **Mē labōris taedet.** = The work bores me.

vergō vergere *intr* to turn (down); decline

Nōmina

abacus -ī counter > **abacus pōtōrius** bar

adventus -ūs *m* arrival

aemulātiō competition, competitiveness, vying

aestās -ātis *f* summer, summertime

aestimātor -tōris evaluator, critic

bacillum tabācī, -ī -ī cigarette (*also* **bacillum tabācānum** *or very informally* **sigārellum**)

carcer -is *m* jail

cliēns clientis *c* client

condiciō -ōnis *f* condition > **condiciōnēs** = lease > **condiciō exclūsōria** = exclusionary clause

congressiō -ōnis *f* gathering, meeting, reunion, get-together

domine sir (*vocative of* **dominus -ī**) (*lit:* "master," "lord")

emptor -tōris; -trīx -trīcis customer; buyer

fēriae -ārum *fpl* holidays, vacation (*also* **vacātiō** *f*)

foetor -tōris *m* stench

fūmus -ī smoke

gradus -ūs *m* (*academic or other*) degree

gubernātor -tōris driver

homō hominis *c* person, human being

inquilīnus -ī; -a -ae tenant; roomer

iūdex iūdicis *c* judge (*in a jury trial the judge is the* **iūdex praesidēns** *and the jurors are the* **iūdicēs iūrātī**)

mēnsis mēnsis *m* month

molestia -ae trouble, problem, source of annoyance (*cf.* **problēma -atis** *n which is a mathematical or philosophical problem*)

mūnicipium -ī city (*as a polticial/ administrative entity*), municipality

mȳthistoria -ae novel

opera -ae effort

pactum -ī agreement, compact > **(conductiōnis) pactum** = lease

pēiōra worse (things) *n pl acc* (*from* **pēior pēius** = "worse" *comparative of* **malus**)

populus -ī (a) people (*as a national or ethnic group*)

praeceptum -ī rule, regulation; instruction

puella -ae girl, (female) child

puer -ī boy, (male) child (**puerī** = children)

raeda longa, -ae -ae bus > *also* **coenautocīnētum** *and* **lāophor(ic)um**

pūrum (tabācī volūmen) cigar

quaestus -ūs *m* job, occupation, trade

ruīna -ae collapse, disaster

sēcūritās -ātis *f* security

summa -ae sum, quantity

tabācum -ī tobacco

tribūnal tribūnālis dais, platform (*for a magistrate's chair*); court

urbs urbis *f* city

uxor uxōris *f* wife; female mate (*of animals*)

vīcīnus -ī; -a -ae neighbor

Prōnōmina

eīs to them *dat pl*

id it *nom/acc ns*

iste that guy, he (*often contemptuous*)

Adiectīva

alius alia aliud *irreg* another, other

alter altera alterum *irreg* second, another (of two), the other > **alterum** = the other one

apertus -a -um open

cēterus -a -um other, the remaining; *pl* (al)l the rest, (all) the others

complūrēs -a several, many, quite a few

duodēvīgintī eighteen

hic haec hoc (*demonstrative*) this (*pl* these)

Neo-Eborācēnsis -e New York *adj*

percalidus -a -um very hot (**calidus** = hot)

populāris -e popular, of the people, the people's

praecipuus -a -um main, principal

praeteritus -a -um past, the last

prīstinus -a -um original; long-standing; previous; pristine

trēs tria three

vērus -a -um true, real

Adverbia

adeō in fact, indeed; even

assiduē/adsiduē constantly, continually

cēterum but, still, yet; by the way; otherwise, besides

continuō right away, immediately

co(t)tīdiē every day, daily

equidem indeed, of course, for my part (*usually associated with the first person*)

forsan maybe

heri/herī yesterday

iam prīdem (+ *pres* or *imperf*) for a long time now; for quite some time (now); long ago; quite some time ago

intus inside

iuxtā nearby

longē far, far off; long, for a long time; at greater length; by far, much

magnopere greatly, very much

minimē not at all, hardly

necopīnātō unexpectedly

nūper recently

quam prīdem? for how long now?, how long ago?, how long has it been that...? (*usually used with present tense*)

sollicitē nervously (*from* **sollicitus -a -um**)

undique on all sides; everywhere; completely

Praepositiōnēs

ad...versus toward (+ *acc*)

ante (+ *acc*) before

contrā (+ *acc*) against

extrā (+ *acc*) outside of; besides

inter (+ *acc*) between; among; during > **inter cēnam** = during dinner

intrā (+ *acc*) inside

prō (+ *abl*) for, on behalf of; instead of, in exchange for; in front of

secundum (+ *acc*) according to

Coniūnctiōnēs

aut ... aut ... (*correlatives*) either ... or ...

nōn sōlum ... sed etiam *or* **nōn tantum ... vērum etiam** (*correlatives*) not only ... but also ...

quamquam although

quīn but (*strongly adversative*) > **quīn potius** but rather

ut as

Exclāmātiōnēs

Apage! Scram! Get out of here! Beat it!

Ēcastor! My God! Good grief! (*used by women*)

Hem! Uh oh! Goodness! Gosh! Hello! Ooh boy! (*expression of surprise, concern, or unhappiness*)

Immō! On the contrary! Actually! In fact! (*indicates a correction or important addition to a preceding statment*)

Macte! well done, bravo

Locūtiōnēs

brevem somnum capere to take a nap

crīminī dare (rem hominī) to accuse (*someone of something*)

hīs septimānīs for/during the last few weeks; these past few weeks

in animō habēre (+ *inf*) to intend (*to do something*)

ita est that's right

mūnere (+ *gen*) **fungor** (*dep.*) I work as as ...; e.g., **mūnere coquī fungor** = I work as a cook

Quid ita? How so?, Why's that?

... qui/quae/quod dīcitur so-called, as it is called

Quod est tibi mūnus? What's your work/job?

rēs aliter sē habet the situation is different

"Quid facit caupōnae minister?"

Exempla:
  I. Quid facit caupōnae minister?

  II. Minister (vel ministra) hospitibus cibōs appōnit.

  III. Quid facis tū in macellō cibāriō?

  IV. Ego in macellō cibāriō mūnere arcāriī fungor. Obsōnia vēndō. Arcam relātrīcem adhibeō.

1. Quid tū in officīnā/macellō cibāriō/etc. facis?

2. Quid pater tuus facit? Quid māter?

3. Quid facit mēchanicus autoraedārius?

4. Quid facit agricola? Quid poēta? Quid chorāgus? *Et ita porrō...*

Aliae Locutiones de Muneribus
(sive Quaestus Generibus Variis)

In this section are repeated the same occupations as in the prevous chapter, but with the addition of certain key activities associated with each.

ACADEMICA, LIBRARIA, cet.
(Academia, Books, etc.)

administer -trī; -tra -trae (acadēmīae, *etc.***)** administrator (*also* **rēctor** *or* **officiālis administrātīvus** *or* **praefectus/-a** + *dat*) > **administrāre** = to handle/manage/administer to > **officīnae/collēgiō/athēnaeō praeesse** = to be in charge of an office/college/university

anthrōpologus -ī; -a -ae anthropologist > **cultum cīvīlem perscrūtārī** (*deponent*) = to study a society > **hominēs rudēs et agrestēs perscrūtārī** (*deponent*) = to study a primitive society > **sceletōs/ollās effodere (effodiō effōdī effossum)/excavāre** = to dig up skeletons/pots > **ossa pēniculō dentāriō sub aestū cūriōsē purgāre** = to slowly brush off bones with a toothbrush under the hot sun

archaeologus -ī; -a -ae archeologist > **ruīnās excavāre** = to excavate ruins > **pecūniās comparāre** = to raise funding

astronomus -ī; -a -ae astronomer > **sīderibus studēre** = to study heavenly bodies > **asterismōrum nōmina callēre** = to know the names of the constellations

bibliopōla -ae *c* bookseller > **librōs vēndere** = to sell books

bibliothēcārius -ī; -a -ae librarian > **librōs reperīre et commodāre** = to find and lend/check out books (*said of the librarian*) > **mūtuārī** (*deponent*) = to borrow/check out (*said of the patron*) > **investīgāre** = to research > **garrientī linguam comprimere** = to shush a chatterbox

biologus -ī; -a -ae biologist > **organismōrum indicēs cōnficere** = to catalogue organisms > **nōmina Latīna invenīre** = to invent Latin names > **microscopiō cellulās īnspicere** = to look at cells under a microscope > **lolīginem īnsecāre** = to dissect a squid

botanicus -ī; -a -ae botanist > **plantārum/herbārum indicēs cōnficere** = to catalogue plants

chēmicus -ī; -a -ae chemist (*also* **alchimista, chimicus, chymicus, chēmiae perītus**) > **biochēmicus** (*etc.*) = biochemist > **Tabulam Periodicam Elementōrum intellegere** = to understand the Periodic Table of the Elements > **chēmica miscēre** = to mix chemicals > **āctiōnēs reciprocās efficere** = to cause interactions > **displōdere** = to explode *intr*

corrēctor -tōris; -trīx -trīcis copy editor, proof-reader > **librōs/scrīpta corrigere/ēmendāre** = to correct books/documents

cybernēticus -ī; -a -ae cyberneticist, cybernetician > **systēmata computātōria dēsignāre** = to design computer systems > **prō hominibus māchinās substituere** = to replace people with machines

decānus -ī; -a -ae dean > **collēgiō/facultātī/athēnaeī partī praeesse** = to be in charge of a college/faculty/division of a university

dialecticus -ī; -a -ae logician > **artem logicam adhibēre** = to apply logic

ēditor -tōris; -trīx -trīcis publisher > **librum ēdere/dīvulgāre/pūblicī iūris facere** = to publish a book

geōgraphus -ī; -a -ae geographer > **mundī tabulās cōnficere/mundum chartīs geographicīs dēsignāre/dēscrībere** = to map the world

geōlogus -ī; -a -ae geologist > **ratiōnibus quibus terra physicē ēvolvātur studēre** = to study the processes of the Earth's physical evolution

glōttologus/glōssologus -ī; -a -ae linguist (*less correctly* **linguista**) > **linguās in principia resolvere** = to analyze languages > **grammaticam/grammaticēn explānāre** = to explain grammar > **multīs linguīs loquī** = to speak many languages

grammatista -ae *c* language instructor > **linguam docēre** = to teach a language > **grammaticēn atque ēnūntiātum ēmendāre** = to correct grammar and pronunciation

historicus -ī; -a -ae historian (*also* **rērum gestārum scrīptor** *or* **historiographus**) > **historiae/rēbus gestīs studēre** = to study history

interpres interpretis *c* interpreter; translator; mediator > **dē/ex Anglicō in Latīnum (con)vertere/interpretārī** (*deponent*) = to translate from English into Latin > **Latīnē vertere/reddere** = to translate into Latin, render in Latin > **praesēns/ex tempore interpretor** = I interpret (orally) > **prō internūntiō fungī** = to act as a mediator

investīgātor -tōris; -trīx, -trīcis researcher; investigator (*also* **indāgātor**) > **vēra exquīrere** = to search for the truth > **theōriam/hypothesin fulcīre/firmāre** = to support a theory/hypothesis > **refellō refellere refellī** = to disprove > **ratiōnem cōnstantem reperīre** = to find a pattern > "**nāribus scrūtārī**" = to snoop around

Latīnitātis cultor -tōris; -trīx -trīcis Latinist (*also* **philologus Latīnus**; *some say* **Latīnista**) > **Latīnitātem suam excolit.** = He's perfecting his Latin.

librārius -ī; -a -ae bookseller (*also* **bibliopōla**) > **librōs vēndere** = to sell books

magister -trī; -tra -trae master; "maestro"; manager; boss; teacher > **(lūdī) magister** = (school)teacher > **scholae superiōris magister** = high school teacher >

discipulōs multa/varia docēre = to teach students many/various things

mathēmaticus -ī; a -ae mathematician > **problēmata mathēmatica solvere** = to solve mathematical problems > **sinistrō cerebrō pollēre** = to be a left-brain person

meteōrologus -ī; -a -ae meteorologist > **caelī vicēs praedīcere cōnārī** = to try to predict the weather > **tempestātum culpam sustinēre** = to bear the blame for bad weather

ōceanographus -ī; -a -ae oceanographer > **ōceanōs dēscrībere/dēsignāre** = to describe/map the oceans

oeconomus -ī; -a -ae economist > **modīs studēre quibus bona ministeriaque concinnentur distribuantur cōnsūmantur** = to study the production, distribution, and consumption of goods and services

philologus -ī; -a -ae philologist > **philologus classicus** = classicist > **philologus Germānicus** = Germanic philologist > **linguārum litterārumque historiae incumbere** = to devote onself to the history of languages and literature

philosophus -ī; -a -ae philosopher > **vērum/-a quaerere** = to seek truth > **sententiās theōriāsve dē rēbus gravibus prōmere** = to come up with opinions or theories on serious subjects > **dē nūgīs rixārī** = to squabble over trifles

philosophus nātūrālis, -ī is; -a -ae, -is -is scientist (*also* **nātūrae historicus** *or* **physicus**, *the latter of which, however, can nowadays be misleading; less formally* **scientificus/a** *or* **scientālis**) > **scientificus politicus** = political scientist > **methodō scientālī/scientificā ūtī** = to use the scientific method > **per experīmenta iterābilia theōriās cōnfirmāre/refellere** = to confirm/refute theories through repeatable experimentation

physicus -ī physicist; "scientist" (*in ancient times, though a confusing term nowadays*) > (**physica** *f* = physics; female physicist) > **nova prīncipia nātūrālia invenīre** = to discover new principles of nature > **rērum**

nātūram perscrūtārī = to study the universe > **particula subatomica exquīrere** = to search for subatomic particles > **abscondita loquī** = to speak gibberish

praeceptor -tōris; -trīx -trīcis educator, instructor > **scholae superiōris/ secundāriae praeceptor** = high school teacher > **praeceptor prīvātus** = tutor > **īnstruō īnstruere īnstrūxī īnstrūctum** = to teach, instruct > **hominēs linguam Latīnam docēre** = to teach people Latin > **coetuī moderārī** = to teach a class > **scholam/cursum praebēre** = to offer a course > **ūsque mediam noctem praescrīpta ēmendāre** = to correct homework until midnight

prōcūrātor litterārius, -tōris -ī; -trīx -a, -trīcis -ae literary agent > **scrīptōrī ēditōrem prōcūrāre** = to find a publisher for a writer

professor -tōris; profestrīx -trīcis professor > **praecipere** = to teach > **investīgātiōnēs agere** = to do research > **symbolās ēdere** = to publish articles > **mūnus perpetuum cōnsequī** = to become tenured > **"Aut dīvulgā aut perī!"** = Publish or perish!

psȳchologus -ī; -a -ae psychologist > **mentis status quōmodoque mēns fungātur investīgāre** = to investigate mental states and processes

redāctor -tōris; -trīx -trīcis (copy) editor, proofreader > **librum redigere (redigō redēgī redāctum)** = to edit a book > **redāctor ēmendātōrius = corrēctor** = proof-reader > **manuscrīptum ēmendāre/ corrigere** = to correct a manuscript

rhētor -tōris *c* rhetorician > **modōs callēre quibus per sermōnem audītōrēs movēre possīmus** = to be an expert on the ways in which we can affect listeners through speech

scrīptor -tōris; -trīx -trīcis writer > **cōnscrībere** = to write, compose; **pūblicī iūris facere** = to publish

sociologus -ī; -a -ae sociologist (*more formally* **coenōnologus/-a**) > **hominum commūnitātibus coniūnctiōnibusque** *dat*

studēre = to study human societies and interrelationships

statisticus -ī; -a -ae statistician > **data numerālia in classēs distribuere, in prīncipia redigere, explānāre** = to classify, analyze, and interpret numerical data

typographus -ī; -a -ae printer, typesetter > **typōs dispōnere** = to set type

zōologus -ī; -a -ae zoologist > **animālibus** *dat* **studēre** = to study animals

AEDIFICATORIA
(Construction)

aedificātor -tōris builder > **aedificia exstruere** = to build buildings

agrimēnsor -ōris surveyor (*also* **decempedātor**) > **terrēnum/forum dēgrūmāre** = to survey a piece of land/a forum > **viam dēsignāre** = to design a road

architectus -ī; -a -ae architect > **aedificia dēsignāre** = to design buildings > **simulācra minūta cōnficere** = to build models > **māchinātōrem cōnsultāre** = to consult an engineer > **ichnographiam cōnficere** = to make a blueprint

laterum structor -tōris bricklayer, mason (*also* **caementārius**) > **later lateris** *m* = brick > **arēnātum** = mortar > **laterēs struere** = to lay bricks > **"Medicus sum, nec laterum structor!"** = "I'm a doctor, not a bricklayer!" (*Dr. Leonardus McCoy*)

redemptor -tōris contractor (*also* **ergolabus**) > **licērī** = to make a bid > **prōpositum/ inceptum licērī** = to bid on a project > **licitārī** = to haggle > **sūmptus -ūs superadditus** = cost overrun

structor -tōris builder > **aedificium/domum exstruere** = to construct a building/build a house

AĒRONAUTICA ET COSMONAUTICA
(Aeronautics and Space)

āërināvium probātor -tōris; -trīx -trīcis test pilot > **āërināvēs/āërināvigia probāre** = to test aircraft > **"Inest in illō**

perapta indolēs.” = “He/She has the right stuff.”

āëroplanīga -ae *c (airplane)* pilot > *also* **gubernātor -tōris; -trīx -trīcis** > **āëroplanum gubernāre** = to pilot an airplane > **āvolāre** = to take off > **appellere** = to land > **āëroplanum (pyraulocīnēticum)** = (jet) airplane > **praecipitāre** *or* **praecipitārī** *(deponent)* = to crash

astronauta -ae *c* astronaut > **cosmonauta** = cosmonaut > **in orbitā circumterrāneā versārī** = to be in orbit around the Earth > **pyraulium** = rocket *(less formally* **rochēta**; *most formally* **missile ignītum)** > **dēpellere** = to launch; **(nāvigiō) interversāriō spatiālī vehī/volāre** = to fly in a space shuttle > **volātuī spatiālī praeesse** = to be in charge of a space flight > **“Hūstōnia, haerēmus!”** = “Houston, we have a problem!”

commeātūs āëriī moderātor -tōris; -trīx -trīcis air traffic controller > **commeātum āërium moderāre** = to control air traffic > **multōrum salūtis ratiōnem reddere dēbēre** = to be responsible for many lives > **sollicitārī** = to be worried/nervous tense > **angī** = to be mentally very tense, distressed > **tēnsus/tentus/rigidus** = *(physically)* tense

māchinātor āëronauticus, -tōris -ī; -trīx -a, -trīcis -ae aeronautics engineer > **āëronāvēs dēsignāre** = to design aircraft

AGRARIA
(Agriculture)

agricola -ae *c* farmer > **agrum arāre** = to plow/till a field > **segetem** *f* **colere** = to cultivate crops > **serere** = to plant > **dēmetere** = to harvest > **pecora pāscere** = to raise livestock > **horreum exstruere** = to raise a barn

arborātor -tōris; -trīx -trīcis orchardist > **arborēs colere** = to cultivate trees > **(am)putāre/resecāre/recīdere** = to prune (*See also* **agricola**.)

armentārius -ī cowherd, cowboy (*or* **būsequa**) (*cf.* **bubulcus**) > **pecora agere/cōgere** = to drive/round up cattle > **laqueō (iaciendō) capere** = to lasso > **equum ferum** (*or* “**broccum**”) **domāre/equī ferī animōs frangere** = to break/“bust” a bronco

bubulcus -ī ploughman (*esp. one who uses an ox; also* **arātor**)

operārius agrārius, -ī -ī farm/agricultural worker > **metere** = to harvest crops > **ūvās dēcerpere** = to pick grapes > **venēnum īnsecticīdāle adhibēre** = to apply insecticide > **(am)putāre** = to prune > **dēcermina combūrere** = to burn prunings/trimmings

pāstor -tōris shepherd > **ovēs custōdīre** = to watch over sheep > **pāscere** = to put to graze

pōmōrum collēctor -tōris; -trīx -trīcis fruit picker > **pōma colligere** = to pick fruit

vītium cultor -tōris vintner > **ūvās colere** = to cultivate grapes > **fermentāre** = to ferment; **vīnum diffundere** = to bottle wine > **vetustēscere** *intr* = to age > **pampināre** = to trim vines

ARTES ELEGANTES
(Fine Arts)

artifex artificis *c* artist (*of any sort*); skilled worker, craftsman > **artificia creāre** = to create (*works of*) art

ballātor -tōris; -trīx -trīcis ballet dancer, ballerino/ballerina (*cf.* **saltātor**) (*also, less accurately,* **pantomīmus**) > **saltāre** = to dance > **versārī** *or* **circumagī** = to spin > **salīre** = to leap > **summīs digitīs saltitāre** = to dance on point

cantātor melodrāmaticus, -tōris -ī; -trīx -a, -trīcis -ae opera singer > **Rigolettī partēs agere** = to play the part of Rigoletto > **(phōno)disculum imprimere** = to record a disc

choreographus -ī; -a -ae choreographer > **saltātiōnēs dēsignāre** *or* **choreographāre** = to choreograph

citharoedus -ī; **-a** **-ae** guitarist; folk singer, person who sings and plays a guitar or similar instrument > **citharā sibi (modulōs) concinere** = to accompany oneself on the guitar

cūrātor -tōris; **-trīx** **-trīcis** curator; superintendent > **artium expositiōnem cūrāre** = to curate an art exhibition > **convīvium introductōrium dispōnere** = to organize a reception

melōdiae compositor -tōris; **-trīx** **-trīcis** composer (*also* **modōrum mūsicōrum scrīptor** *or* **compōnista** *or* **mūsūrgus**) > **opus mūsicum compōnere** = to compose a piece of music

mūsicus -ī musician > **modōs mūsicōs canere** = to play music > **in symphōniā clāricornulō canere** = to play the clarinet in an orchestra > **in grege vibrivolventī citharā ēlectricā canere** = to play electric guitar in a rock band > **in grege iassiācō/iadziācō saxophōnō canere** = to play saxophone in a jazz ensemble

phōtographus -ī; **-a** **-ae** photographer > **phōtographicē imprimere** *or* **phōtographāre** = to photograph > **phōtographēmata facere** = to take photographs

pictor -tōris; **-trīx** **-trīcis** painter > **pingō pingere pinxī pictum** = to paint > **pictūrās exhibēre** = to exhibit paintings > **pilleum Vasconicum gestāre** = to wear/sport a beret > **phasēlīs vēscī** (*deponent*) = to live on beans

poēta -ae *m*; **poētria** -ae *f* poet > **poēma facere/pangere** = to write/compose a poem > **carmen/poēma recitāre** = to recite a poem

praefectus -ī **symphōniae**; **-a** **-ae** conductor (*also* **praefectus/-a mūsicae**) > **symphōniam dīrigere** = to conduct an orchestra > **Pictōris Opus Symphōnicum Quīntum dīrigere** = to conduct Mahler's Fifth Symphony

(librōrum) scrīptor -tōris; **-trīx** **-trīcis** writer > **scrīptor cīnēmatographicus** = screen writer > **fābulārum (scaenicārum) scrīptor** = playwright > **librum**

cōnscrībere = to write a book > **pūblicī iūris facere/dīvulgāre** = to publish > **scrīpta līmāre** = to polish one's writings > **"Vacua pāgina recēnsērī nequit."** ("You can't edit a blank page." —Jodi Picoult)

sculptor -tōris; **-trīx** **-trīcis** sculptor > **sculpō sculpere sculpsī sculptum** = to carve, chisel, engrave, sculpt > **signum/effigiēs** *f*/**sculptūra** = sculpture; statue > **statua** = statue (*of a standing person*)

ARTIFICIA COMMUNIA ET POPULARIA
(Trades and Crafts)

artifex artificis *c* artisan, skilled craftsperson > **pulchra fabricāre** = to make beautiful things

aurifex aurificis *c* jeweler > **mercem gemmāriam cōnficere et vēndere** = to fashion and sell jewelry

cōriārius -ī; **-a** **-ae** leather worker > **corium cūrāre** = to cure leather > **pallia/iaccās/cingula/marsuppia concinnāre** = to produce coats/jackets/belts/purses

faber fabrī; **fabra** **-ae** craftsman/craftsperson > **ūtilia fabricāre** = to fashion/build/create useful things

faber tignārius, fabrī -ī; **fabra** **-a**, **-ae** **-ae** carpenter > **ex lignō fabricāre** = to make out of wood (**lignum** = wood; **tignum** = lumber, board; **trabs trabis** *f* = tree trunk, log, beam; **malleus** = hammer; **clāvus** = nail; **malleāre** = to hammer; **pollicem contundere** = to pound one's thumb; **hau!** *or* **au!** = ow!)

figulus -ī; **-a** **-ae** potter > **ollās/fictilia fabricāre** = to throw pots/make pottery > **ollam accendere** = to fire a pot > **argilla** = clay

sūtor -tōris; **-trīx** **-trīcis** shoemaker > **calceāmenta fabricāre/reficere** = to make/repair shoes

vestificus -ī; **-a** **-ae** clothesmaker, clothes designer > **cultūs altī/lautī vestificus** = fashion designer > **vestēs dēsignāre** = to design clothes > **cultūs modōs/habitūs**

(novōs) statuere = to determine fashions > **spectāculum/mūnus cultūs novī dare** = to put on a fashion show

ATHLETICA
(Athletics)

alīpta/alīptēs -ae *c* trainer; masseur > **corpus āthlētae cūrāre** = to care for an athlete's body > **ērudīre** = to train (*someone*); to give (*someone*) a workout **membra malaxāre** = to massage

alsūlegius -ī; -a -ae hockey player (*also* **glacilūdius**) > **pilam clāvā impellere** = to hit the puck with a stick > **"Dentēs eī passim dēsunt."** = "He's missing some teeth."

āthlēta -ae *c* athlete > **lūdī āthlētici** = sports > **mercem ratam facere** = to endorse products > **quotannīs sedecim milliōnēs thalērōrum lucrārī/merēre/merērī/cōnsequī** = to make/earn sixteen million dollars a year > **probātiō venēnāria** = drug test

āthlētārum exercitātor -tōris coach > **(aliquem) ērudīre** = to train (*someone*)

birotārius -ī; -a -ae cyclist > **birotam gubernāre** = to ride (*i.e.*, steer) a bicycle > **birotā vehī** = to ride (*i.e.*, be conveyed by) a bicycle

corbifolliī lūsor -ōris; -trīx -trīcis basketball player > **corbifolle lūdere** = to play basketball > **follem per corbem iacere** = to throw the ball through the basket > **(corbi)iactum patrāre** = to score a basket > **procērum esse** = to be tall

cursor Marathōnius, -ōris -ī; -trīx Marathōnia, -trīcis -ae Marathon runner > **sēna vīcēna mīlia passuum continua currere** = to run twenty-six miles at a time

fluctitabulārius -ī; -a -ae surfer (*also perhaps more formally* **cymatodromus**; *less formally* **fluctivagus/a**) > **per fluctūs lābī** = to surf

gladiātor -tōris (generis Francogallicī); -trīx -trīcis fencer > **(mōre Francogallicō) gladiō contendere/ūtī** = to practice fencing > **dīgladiārī** = to have (engage in) a sword fight

harpasticus (Septentrioamericānus), -ī (-ī) (American) football player > **harpasticus Britannicus/Austrāliēnsis** = rugby player > **follem pede pulsāre** = to kick the ball > **follem trādere** = to pass the ball > **aciem scindere** = to plow through the line > **aciēī extrēmum circumīre** = to make an end run > **follem (pede pulsāns) cēdere** = to punt > **(folle mētam) tangere** = to score a touchdown > **per campum luctāns īnstāre/contendere** = to push one's way down field > **"Sanguinem dōnā: harpastum Britannicum suscipe!"** = "Give blood: play rugby!"

lanista -ae *c* trainer of gladiators (*by extension perhaps also to be used for any athletic "coach"*) > **ērudīre** *tr* = to train *tr*

librāmentōrum sublātor -tōris; -trīx -trīcis weight lifter > **librāmenta tollere** = to lift weights

luctātor -tōris; -trīx -trīcis wrestler > **luctārī** = to wrestle > **luctātiōnem fingere/simulāre** = to pretend to wrestle > **spectāculum ēdere (ēdō, ēdidī, ēditum)** = to put on a show > **"Luctātiōnēs omnēs praestitūtae sunt."** = "All wrestling is fixed."

nartātor -tōris; -trīx -trīcis skier > **nartae** = skis > **bacula nartātōria** = ski poles > **anabathrum nartātōrium** = ski lift > **flexūs habiliter exsequī** = to handle the turns well > **arborēs ēvītāre** = to avoid the trees

natātor -tōris; -trīx -trīcis swimmer > **fretum trānsnatāre** = to swim (across) a channel

pedilūdius -ī; -a -ae soccer player > **mētam contingere** = to score a goal > **"Mētaaaaaaaaaaaaaaaaaaaaa!"** *or* **"Portaaaaaaaaaaaaaaaaaaaaaaaa!"** = "Goooooooooooooooooooal!" > **seorsum esse** = to be offsides

pilamalleātor -tōris; -trīx -trīcis golfer > **malleō pilam longē per campum impellere** = to hit the ball far down the course with a club > **"Cavēte!/Attendite!"** = "Fore!" > **ūnicō ictū pilam (in cavum) dēmittere** = to hit a hole in one

piliclāvius -ī; -a -ae baseball player > **domum contingere** = to make/score a home run > **(proximam) statiōnem intercipere** = to steal a base > **ūnicō ictū domum contingere** = to hit a home run > **"Pila!"** = "Ball!" > **"Ictus!"** = "Strike!" > **"Ambulā!"** = "Walk!"

pugil pugilis *c* boxer > **sē exercēre** = to train, drill, exercise *intr* > **pugilitārī** (*deponent*) = to spar > **pugilārī** = to box > **aemulī nāsō** (*dat*) **pugnum dūcere** = to punch one's opponent in the nose > **pulsāre** = to hit, batter; **aemulum (pulsāns) intermortuum/exanimātum reddō** = I knock out – *more literally:* "(By pounding) I render my opponent half-dead" > **exanimāre** = to render unconscious; to kill > **pulsum dēclīnāre** = to dodge a punch > **"Dē summō praemiō certāre potuissem!"** = "I could have been a contender!"

teni(si)lūdius -ī; -a -ae tennis player > **rēte -is** *n* = net > **rēticulum (manubriātum)** = racket > **pila tenisia** = tennis ball > **adversārium dolō in partem falsam indūcere** = to make one's adversary zig when he should zag

ūrīnātor -tōris; -trīx -trīcis diver > **altissimā dē tābulā dēsultōriā ūrīnārī** = to dive from the high board > **apparātus spīrandī ūrīnātōrius** = scuba gear > **spīrāculō (simplicī) mūnītus ūrīnor** = I go snorkeling

CIBARIA
(Food Industry)

bellāriōrum cōnfector –tōris confectioner > **bellāria** *npl* = sweets, dessert, confections

cāseārius -ī; -a -ae cheese dealer; cheesemonger > **cāseum vēndere** = to sell cheese

caupō -ōnis *m* innkeeper; restauranteur > **caupōnam condere/fundāre** = to start a restaurant/inn > **optimōs condūcere** = to hire the best people > **ratiōnēs conturbāre/dēcoquere** = to go bankrupt > **ratiōnum conturbātiōnem dēclārāre/prōfitērī** = to declare bankruptcy > **"Omnia vincit situs."** = "Location, location, location!"

caupōna -ae hostess (*in restaurant or inn*) > **hospitēs salutantem ad mēnsam addūcere** = to greet guests and bring them to their table

coquus -ī; -a -ae cook (**coquus perītus** *or* **culīnae magister** = chef; **archimagīrus** = master chef) > **cibum coquere/apparāre** = to fix/cook/prepare a meal > **compositiōnem/praescrīpta sequī** = to follow a recipe

cuppēdinārius -ī; -a -ae caterer; delicatessen owner > **cuppēdia -orum** *npl* = catered food; delicatessen food; sweets (*also* **hēdyphagēticus,** *etc.*) > **pastilla farta sapida apparāre** = to make delicious sandwiches

dapifer -ī; -a -ae waiter, waitress (*also* **triclīniārius/a, cibōrum minister/tra**) > **cibum hospitibus appōnere** = to serve food to guests > **hospitēs/mēnsās ministrāre** = to wait on customers/tables > **mūnusculum accipere** = to receive a tip

lanius -ī; -a -ae butcher > **carnem laniāre** = to butcher meat

macellārius -ī; -a -ae grocer (**obsōnia/cibāria** = groceries) > **cibāria vēndere** = to sell groceries

(popīnae) mediastīnus -ī; -a -ae busboy/busgirl (*also* **analecta** *c*) > **mēnsam purgāre** = to clear/wipe off a table; **hospitibus aquam afferre** = to bring water to the guests > **labōrandō sē cruciāre** = to work like a dog, to drudge

pincerna -ae *c* bartender, one who mixes drinks; cup-bearer (*also* **pōtiōnum ministrātor** *or* **caupō**) > **tēmēta miscēre** = to mix (*alcoholic*) drinks > **hominum īnfortūnia auscultāre** = to listen to people's problems

piscātor -tōris; -trīx -trīcis fisherman/woman > **piscārī** (*deponent*) = to fish > **piscem capere** = to catch a fish > **semper subolēre** = to always smell funny

pīstor -tōris; -trīx -trīcis baker > **pīstor dulciārius** = pastry chef > **pānem torrēre/coquere** = to bake bread > **absurdā hōrā ē**

lectō surgere = to get up at a ridiculous hour

pōmārius -ī; -a -ae fruit dealer; fruiterer > **pōma colere et vēndere** = to raise and sell fruit

trīclīniarchēs/-a -ae *c* maître d', head waiter, hostess (*also* **architriclīnus/-a**) > **hospitēs salutantem ad mēnsam addūcere** = to greet guests and bring them to their table > **ministrīs** *dat* **praeese** = to be in charge of the wait-staff

COMMERCIUM, TABERNAE, CET.
(Business and Trade)

antīquārius -ī; -a -ae antique dealer > **antīqua vēndere** = to sell antiques > **quotannīs Novam Angliam (*vel* Eurōpam) petere** = to make yearly trips to New England (*or* Europe)

arcārius -ī; -a -ae cashier > **vēndere** = to sell > **nummī numerātī** = (*ready*) cash > **arcam relātōriam/relātrīcem adhibēre** = to operate a cash register > **arca nummāria** = cash box > **Mercis Symbologium Ūniversāle** = Universal Product Code > **symbola MSV legere** = to read UPC symbols > **agmen properātum** = express lane

cōnsultor -tōris; -trīx -trīcis consultant > **monēre** or **cōnsilia dare** = to advise

fullō -ōnis dry cleaner (*also, less formally,* **nacca** *c*) > **vestīmenta purgāre** = to clean clothes > **maculās dē vestibus auferre** = to remove spots from clothing

īnstitor -tōris; -trīx -trīcis traveling salesman/saleswoman > **ōstiātim vēndere** = to sell door to door > **volātus/-ūs lippus** *or* **lippientium volātus** = a "red-eye" flight > **cum lippīs volāre** *or* **lippum volāre** = to take a red-eye flight

īnstitor tēlephōnicus, -tōris -ī; -trīx -a, -trīcis -ae telemarketer > **hominem inter cēnam interpellāre** = to call a person during dinner > **hominis nōmen male prōnūntiāre** = to mispronounce a person's name > **auriculāre repōnere** = to hang up

> **inter colloquium auriculāre repōnere** = to hang up on someone

magnārius -ī; -a -ae wholesaler > **magnam mercātūram facere** = to carry on wholesale business, sell goods at wholesale > **mercem pretiō minōre vēndere** = to sell goods at lower prices

mercātor -tōris; -trīx -trīcis merchant > **negōtium condere/īnstituere** = to set up a business > **novās mercandī viās invenīre/aperīre** = to find/open up new markets

negōtiātor -tōris; -trīx -trīcis businessman/woman > **negōtium exercēre** = to run a business > **pāciscī (pāciscor, pāctus sum** *deponent*) = to negotiate, deal, make a deal > **pāctiōnem cōnsequī** (*deponent*) = to reach a business agreement, arrive at a bargain > **ratiōnem (clientis) adsequī/assequī** = to land an account

ōrnātor -tōris; -trīx -trīcis beautician, hairdresser > **capillōs/comam tondēre (tondeō totondī tōnsum)** = to cut hair > **capillōs/comam cōmere (cōmō cōmpsī cōmptum)** = to "do" hair > **tingō tingere tinxī tinctum** = to dye > **crīspāre** = to curl > **comam in gradūs frangere (frangō frēgī frāctum)** = to layer the hair > **forficulae** = scissors > **māchinula tonsōria** = clippers > **aspersōrium crīnāle** = hair spray > **spūma crīnālis** = hair mousse > **quilon crīnāle** = hair gel > **calamistrium** = curler > **Calamistriīs, cylindrīs parvīs, involvuntur simul omnēs capitis crīnēs crīspandī.** = All the hair that is to be curled is rolled in curlers, which are small cylinders.

petroleārius -ī; -a -ae oil man, oil person, someone in the oil industry > **petroleum vēndere** = to sell oil > **aurum nigrum** = "black gold"

pollīnctor -tōris; -trīx -trīcis undertaker, mortician (*also* **libitīnārius** = mortician; **vespillō/vispillō -ōnis** *or* **tumulōrum fossor** = gravedigger) > **cadāver condīre/pollīngere** = to embalm a cadaver > **fūnus/exsequiās dispōnere** = to arrange a funeral

praepositus ī; -a -ae manager, boss, supervisor (*also* **praefectus/a, magister/ tra**) > **tabernae/negōtiō praeesse** = to be in charge of a store/business > **condūcere dīmittereque** = to hire and fire

propōla -ae *c* retailer (*also* **distractor**) ≠ **magnārius** (*see above*) > **mercēdis pretium augēre** = to mark up a piece of merchandise > **mangōnicāre** = to deck out, adorn, or display > **prōscrībere** = to advertise (in writing), put up for sale

sarcinātor -tōris; -trīx -trīcis tailor, seamstress > **suō suere suī sūtum** = to sew > **sarciō sarcīre sarsī sartum** = to mend

sūtor -tōris; -trīx -trīcis shoemaker > **calceāmenta cōnficere/reficere** = to make/repair shoes

tabernārius -ī; -a -ae salesperson, clerk; shopkeeper > **tabernam exercēre** = to run a shop, be a shopkeeper > **adventōrēs/ emptōrēs ministrāre** = to wait on/serve customers

tōnsor -tōris; -trīx -trīcis barber, haircutter > **comam/barbam tondēre** = to cut/trim hair/a beard > **rādō rādere rāsī rāsum** = to shave > **pectō pectere pexī pectum** = to comb > **forficulās/pectinem/novāculam/ māchinulam tōnsōriam adhibēre** = to use scissors/a comb/a razor/clippers

vēnditor -tōris; -trīx -trīcis salesperson > **emptōrēs/adventōrēs adiuvāre/cūrāre** = to help/take care of customers

vestiārius -ī; -a -ae clothing sales person, clerk in a clothing store > **vestēs vēndere** = to sell clothing > **complicāre** = to fold > **suspendere** = to hang up

vīnārius -ī; -a -ae wine merchant > **vīna vēnum dare** = to put up wines for sale > **vīna prōscrībere** = to assign a price to wines, advertise wines at a given price > **vīnōrum probātiōnem īnstituere** = to organize a wine tasting

DOMESTICA
(Domestic Work)

ancilla -ae maid (*also* **famula**) > **caffeam** *or* **theam** *or* **iēntāculum ferre** = to bring coffee, tea, or breakfast > **lectum expedīre** = to turn down a bed > **lectum (in)- sternere** = to make a bed > **trānsennās aperīre** = to open the shades (*For other household chores, see chapter II.*)

cellārius -ī butler; wine-keeper (*also* **prōmus,** *q.v.*) > **cibōs appōnere** = to serve meals > **vestēs dispōnere** = to organize clothing

cubiculārius -ī; -a -ae butler, valet, houseboy; (*chamber*) maid > **pēnsa domestica cūrāre** = to perform household chores > **vestēs ōrdināre** = to organize clothing

hortulānus -ī; -a -ae (*vegetable*) gardener (*cf.* **topiārius**) > **plantās serere/inrigāre** = to plant/water plants > **hortum ēruncāre** = to weed the garden

māterfamiliās mātrisfamiliās *f* housewife, mistress of a household (*also* **domiseda**); "lady" > **domum/familiam administrāre** = to run a household

natābulārius -ī pool boy > **natābulum/ piscīnam purgāre** = to clean the pool > **cribrum purgare** = to clean the filter

nūtrīcula -ae; -us -ī baby-sitter > **puerōs cūrāre** = to take care of children > **frīgidārium expīlāre** = to raid the refrigerator

nūtrīx -trīcis *f* (*children's*) nurse, nursemaid; nanny > **puerōs ēducāre** = to raise/rear children > **(lacte) nūtrīre** = to nurse, breast-feed

paterfamiliās patrisfamiliās *m* male head of a household; "house husband" (*also* **domiseda** *c*) > **domum/familiam administrāre** = to run a household > **familiam pāscere** = to support a family

prōmus -ī cellar-keeper, wine steward; butler (*cf.* **condus,** *who is the one who lays up provisions*) > **vīnum ē cellā dēprōmere** = to fetch a wine from the cellar

raedārius -ī; -a -ae chauffeur (*also* **carrūcārius**, *who drives a limousine*) > **raedam gubernāre** = to drive a car > **hominem (raedā) ad locum addūcere/ vehere** = to convey someone to a place

topiārius -ī; -a -ae (*ornamental*) gardener, landscaper > **topia** *npl* **dēsignāre** = to design landscapes > **arborem trānspōnere** = to transplant a tree

vīlicus -ī; -a -ae steward, majordomo (*also* **oeconomus, epītropus, procūrātor**) > **opera/ministeria domestica administrāre** = to see to the running of a household

INFORMATICA
(Information Technology)

computātōriōrum programmātor -tōris; -trīx -trīcis computer programmer > **programma scrībere/ēmendāre** = to write/debug a program > **computātōrium programmate īnstruere** = to install a program on a computer > **data ōrdināre** = to process data > **symbolōs compōnere** = to write code > **encryptographāre** = to encrypt > **apocryptographāre** = to decrypt > **Ēlectristīpes sum.** or **Caudex computātōrius sum.** = I'm a computer nerd.

effrāctor computātōrius, -tōris -ī hacker > **systēma computātōrium irrumpere/ invādere** = to break into a computer system > **data corrumpere** = to corrupt data > **persōnam surripere** = to steal an identity > **programma noxium** = malware

māchinātor computātōrius, -tōris -ī computer engineer > **systēmata computātōria dēsignāre et ōrdināre** = to design and organize computer systems

mēchanicus computātōrius, -ī -ī computer repairman, hardware specialist (*also* **opifex computātōrius**) > **computātrōria reficere/sustentāre** = to repair/maintain computers > **computātōriīs adesse** = to provide computer support

technicus computātōrius, -ī -ī computer tech(nician) > **computātōrium**

programmate īnstruere = to install a program on a computer > **programmatis novissimum exemplar (prō obsolētō) substituere** = to upgrade a piece of software > **ūtentibus succurrere** = to help users with problems

IN OFFICIORUM SEDE
(Office Work)

adiūtor administrātīvus, -tōris -ī; -trīx -a, -trīcis -ae administrative assistant > **praefectum ad varia officia perficienda adiuvāre** = to help one's boss perform a variety of duties > **ōrdināre** = to organize

āmanuēnsis -is *c* secretary > **computātōriō scrībere** = to type on a computer > **conventum cōnstituere** = to make an appointment > **ad cōnstitūtum venīre** = to keep an appointment > **commentāriōs (tachygraphicē) cōnficere (ego cōnficiō)** = to take notes (using shorthand) > **data impōnere/referre** = to enter data > **tabulās cōnficere (ego cōnficiō)** = to keep records/books > **(tēlephōnicē) compellantēs prōcūrāre** or **tēlephōnium prōcūrāre** = to takes phone calls, answer phone calls

clēricus -ī; -a -ae clerk (*also* **scrība**) > **īnstrūmenta chartācea ōrdināre** = to organize paper files > **sēcrēta nefāsta nōvisse** = to know where the skeletons are buried

ministrōrum minister -trī; -tra -trae personnel ("human resources") officer > **novōs quaerere et condūcere** = to search for and hire new employees > **nūper conductō labōris mandātum offerre** = to offer a contract to someone newly hired

officīnātor -tōris; -trīx -trīcis foreman; office manager, foreperson (*in an office*) (*also* **commentāriēnsis, prīmiscrīnius, praepositus graphēī, officiī moderātor**) > **cūrāre ut suscepta ad exitum perdūcantur** = to see to it that a job gets done

praefectus -ī; -a -ae boss, supervisor, administrator (*varies with context:* **decānus,**

rēctor, praepositus, administer, *etc.*) > **officīnae/dīvīsiōnī/societātī praeesse** = to be in charge of an office/department/ company (*also* **praefectus/a** [+ *dat*] *or* **officiālis administrātīvus/a**) > **offcīnae/ collēgiō/athēnaeō praeesse** = to be in charge of an office/workplace/college/ university > **suppositīs pēnsa trādere** = to entrust tasks to one's subordinates > **ignāviam** *or* **rem male gestam** *or* **immodestiam pūnīre** = to punish laziness/failure/insubordination

prōcūrātor -tōris; -trīx -trīcis supervisor; agent, liaison > **officīnam rēmōtam invīsere/īnspicere** = to visit/inspect a distant/remote office

salūtātor -tōris; -trīx -trīcis receptionist > **clientēs salūtāre** = to greet clients > **compellantēs et cursum ēlectronicum prōcūrāre** = to handle phone calls and email > **custōdēs arcessere** = to call security

ITINERA
(Travel)

bāiulus -ī porter; bellhop; skycap > **sarcinās bāiulāre** = to load/carry luggage/bags; **portāre/ferre** = to carry; **mūnusculum/ corollārium** = tip, gratuity

gubernātor -tōris; -trīx -trīcis driver, person driving (*also* **raedārius/-a**) > **raedam gubernāre/agere** = to drive a car

itinerum prōcūrātor -tōris; -trīx -trīcis travel agent > **itinera prōcūrāre** = to arrange trips > **sedem/conclāve/ vehiculum reservāre** = to reserve a seat/ room/car > **vīlissimī pretiī volātum invenīre** = to find the cheapest flight

minister āërius, -trī -ī; -tra -a, -trae -ae flight attendant > **vectōrēs ministrāre** = to take care of passengers > **cibōs distribuere** = to pass out meals > **vectōribus āëroplanō exeuntibus valēdictāre** = to say "bub-bye" to the passengers as they leave the plane

raedārius -ī; -a -ae chauffeur, driver > **raedam gubernāre/agere** = to drive a car > **(auto)carrūca** = limousine > **hominem**

(raedā) ad locum addūcere = to drive a person to a place

raedae longae gubernātor -tōris; -trīx - trīcis bus driver (*also* **lāophorī gubernātor** *or* **coenautocīnētī gubernātor**) > **vectōrēs accipere/ excipere et expōnere/ēmittere** = to pick up and let off passengers > **hominēs ā pūnctō alpha ad pūnctum bēta addūcere** = to take people from point A to point B

raedae onerāriae gubernātor -tōris; -trīx - trīcis truck driver > **(raedam) onerāriam/autocarrum gubernāre** = to drive a truck > **Franciscopolī Denverium chartulās Pokemon trahere** = to haul Pokemon cards from San Francisco to Denver > **affatim caffeae pōtāre** = to drink plenty of coffee > **luticipula fēminārum nūdārum imāginibus dēpicta habēre** = to have mudflaps with girlie figures on them

MARITIMA
(Maritime)

bāiulus portuārius, -ī -ī longshoreman, dock worker (*also* **bāiulus lītorālis**) > **mercēs nāve deonerāre** = to unload merchandise from a ship > **nāvem onerāre** = to load cargo onto a ship > **nāvem exonerāre** = to unload a ship

magister -trī nāvis; -tra -trae ship captain, skipper (*also* **nauclērus**) > **nautīs imperāre** = to command a crew > **sēditiōnēs/mōtūs vītāre** = to avoid mutinies

naupēgus -ī; -a -ae shipbuilder > **nāvēs fabricāre** = to build ships

nauta -ae *c* sailor > **gubernāre** = to steer, be at the helm > **nāvem dēdūcere** = to launch a ship > **nāvem solvere** = to set sail > **nāvem appellere** = to land a ship > **puppis stegam dētergēre** = to swab the poopdeck ("deck" *also* = **cōnstrātum/pōns**) > **nauseāre** = to be seasick; **morī cupere** = to want to die

praefectus -ī portūs; -a -ae harbor master > **portuī praeesse** = to be in charge of a harbor > **nāvigium ad mōlem addūcere** = to conduct a ship to its pier

MILITARIA ET VIGILARIA
(Military, Police, Rescue)

balneātor -tōris; trīx -trīcis lifeguard > **natātōribus haerentibus subvenīre** = to come to the rescue of swimmers in distress > **resuscitātiōnem cordipulmōnārem adhibēre scīre** = to know CPR

capitātor -tōris; trīx -trīcis bounty hunter > **prō fugitīvō captō praemium exigere** = to collect a bounty for capturing a fugitive

centuriō -ōnis c (army) captain (lit: "centurion"; **centuriō māior** = sergeant-major; major) > **centuriae imperāre** = to command a century/company

classis praefectus -ī; -a -ae admiral > **classis praefectus secundus** = vice admiral > **classī imperāre** = to be command a fleet

cohortium praefectus -ī; -a -ae brigadier general > **cohortī/cohortibus imperāre** = to be in command of brigades > **rēs bellicās speciālēs administrāre** = to carry out special operations > **exercitūs latus tuērī** = to protect the army's flank

contubernālis -is c cadet > **ut praefectus fiās studēre** = to study to become an officer

corniculārius -ī; -a -ae corporal (also **optiō -ōnis** m) > **pugnae signa lituō dare** = to give battle signals on the cornet > **gregāriīs praeesse mīlitibus** = to outrank privates

custōs -ōdis c guard > **argentāriam/tabernam custōdīre** = to guard a bank/store

decuriō -ōnis c sergeant > **mīlitum disciplīnam sustinēre** = to maintain discipline among the troops

dux ducis (generālis) general > **exercituī praeesse** = to command an army > **exercitum comparāre** = to raise an army > **exercitum recēnsēre/lūstrāre** = to review an army

ēmissārius -ī; -a -ae secret agent (**speculātor** = spy) > **īnspicere** = to survey/"surveil" > **speculārī** = to spy > **ēmissārium duplicem prōdere** = to reveal (blow the cover of) a double agent > **trādere** = to turn in > **dēferre** = inform against > **martīnium quassum neque excitātum, bibere** = to drink a martini shaken, not stirred

geraefa -ae c sheriff > **scelerātōs excipere/dēprehendere** = to capture/arrest criminals

imperātor -tōris (mīlitāris) chief-of-staff; field marshal; **(cīvīlis)** (civilian) commander-in-chief > **bellum movēre/gerere/compōnere** = to go to war/wage war/end a war > **bellāre** = to wage war > **imperiī summam tenēre/imperiī summae praeesse** = to be commander-in-chief (also **summum imperium tenēre, summō imperiō praeditum esse**)

īnstructor -tōris (centuriae mīlitum) drill sergeant > **tīrōnēs rudēs ērudīre** = to train raw recruits > **iussa/mandāta rudere (rudō, rudīvī, rudītum)** = to yell/"bark" orders

internūntius -ī; -a -ae liaison officer > **cum aliīs monadibus coniūnctiōnēs/necessitūdinēs/commercium/commūnicātiōnem īnstituere/sustentāre** = to establish/maintain liaisons/relationships/connections/communications with other units

investīgātor -tōris; trīx -trīcis researcher; detective (also **perscrūtātor**) > **investīgāre** = to research; investigate > **nāribus scrūtārī** = to snoop/sniff around

lēgātus -ī; -a -ae (cum pūblicā auctōritāte) ambassador > **lēgātus parlāmentāris** = represetative, parliamentary delegate > **lēgātus mīlitum** = staff officer, major > **lēgātus foederālis** or "**mareschallus**" **foederālis** = federal marshal > **cōnsulere** = to consult/negotiate > **cōnsultātiō, cōnsultātiōnis** f = consultation/negotiation > **vice nātiōnis/populī fungī** (deponent) = to represent a nation > **vice cīvitātis/regiōnis fungī** = to represent a state/district > **lēgem perferre** = to pass a law

locumtenēns -entis *or* **lēgātus suffectus, -ī -ī** lieutenant (*also* **succenturiō māior, succenturiōnis māiōris**)

mīles mīlitis *c* soldier > **mīles gregārius** = private > **mīles dēciduus** = paratrooper > **mīles classicus** = marine > **iussīs** (*dat*) **pārēre** = to follow orders > **incēdere** = to march > **arma trahere/tractāre** = to carry/handle weapons > **sclopētō/ manūballistulā displōdere** = to fire a rifle/hand gun > **sclopētō/manūballistulā petere** = to fire a gun at > **per lutum rēpere** = to crawl through mud; **canīnam esse** = to be dog meat (*cf.* **canīnam ēsse** = to eat dog meat)

pīrāta -ae *c* pirate (*also* **cursārius**, *more formally* **praedātor maritimus**) > **nāvēs praedārī** = to plunder ships > **aliquem axe dēsilīre cōgere** = to make someone walk the plank > **mūneris ēlectiō admodum imprūdēns** = a very poor career choice

quaesītor -tōris judicial/legal investigator > **testimōnia cōnfirmāre** = to check out someone's story > **reum vērē nōn interfuisse ratum facere** = to confirm an alibi > **per tōtum diem tabulīs mergī** = to plow through records all day

satelles satellitis *c* bodyguard > **conductōrem tuērī/dēfendere** = to protect one's employer > **hominem comitāns custōdīre** = to accompany and guard someone

(vigil) sīphōnārius, (-is) ī; (vigil) -a, (-is) - ae firefighter > **incendium extinguere** = to put out a fire > **vītam hominis/ animālis salvāre** = to save a person's/an animal's life > **fēlem arbore dētrahere** = to get a cat out of a tree

speculātor -tōris; -trīx -trīcis scout; spy > **hostēs fūrtim observāre** = to secretly observe the enemy > **hostium numerum, arma, cōnsilia explōrāre** = to find out about the enemy's numbers, armaments, and plans

tribūnus -ī mīlitum colonel > **tribūnus mīlitum vicārius** = lieutenant-colonel >

legiōnī/manipulō imperāre = to command a regiment or batallion

vigil vigilis *c* policeman (**pūblicus/-a** = police officer; **biocōlȳta** *c* = peace officer) > **cīvēs prōtegere/tuērī** = to protect the public > **scelerātōs excipere/ dēprehendere** = to capture/arrest criminals > **hominī multam facere** = to give a person a ticket > **hominem praesēns praesentem moneō** = I give a person a "verbal" (*i.e.*, oral) warning > **circellōs frīctōs cōnsūmere** = to eat donuts

OBLECTAMENTA ET MEDIA COMMUNICATIONIS
(Entertainment and Communications)

animātor -tōris (dēlīneāns); trīx -trīcis animator > **grȳllōs moventēs dēlīneāre** = to draw animated cartoons

annūntiātor -tōris; -trīx -trīcis announcer > **(nova/prognōsin meteorologicam/ ēventūs athlēticōs) annūntiāre/ adnūntiāre** = to announce (news/a weather forecast/athletic events) > **"Sī sanguinat praestat."** = "If it bleeds it leads." > **festīviter blaterāre** = to engage in "happy talk" (*cf.* **praecō**)

cantor -tōris singer; cantor > **cantātor/-trīx** = musician, singer, minstrel > **cantor melodrāmaticus** = opera singer > **hymnologus** = church singer > **melōdēs -is** = a pleasing or charming singer > **citharoedus** = one who sings and accompanies himself on guitar > **cantātor auctor** = singer-songwriter > **cantūs/ cantica canere** = to sing songs > **CD (compactum disculum/phōnodisculum/ discum dēnsum) imprimere** = to record a CD > **labiīs synchronizāre** *or* **labiīs sē cantāre fingere** = to lip-sync

chorāgus -ī *c* producer > **fābulam/ pelliculam/taeniolam docēre** = to produce a play/film > **in fābulā/pelliculā pecūniās collocāre** = to invest in a play/ film > **"Iubē tuōs meōs compellāre."** = "Have your people call my people."

chorus -ī (canentium) chorus, choir > **in chorō cantāre** = to sing in a chorus

cīnēmatographus -ī; -a -ae cinematographer > **cīnētomāchinam adhibēre** = to operate a movie camera > **pelliculam/taeniolam condere** = to make a film > **scēnam excipere** = to film a scene > **comminus** = close up *adv* > **ēminus** = wide, from far away *adv*

cōmoedus -ī; cōmoeda -ae comic actor, comedian > **iocōs/facētiās nārrāre/ referre** = to tell jokes

diurnārius -ī; -a -ae journalist (*also* **relātor**) > **ācta diurna** = newspaper; news (program) > **relātor phōtographus** = photojournalist > **symbolam compōnere** = to write an article; **novum dētegere** = to uncover a story; **diurnārius tēlevīsificus** = TV reporter > **miserum aliquem stulta rogāre** = to ask some poor wretch stupid questions

exceptor (cīnēmatographicus), -tōris (-ī); -trīx (-a) -trīcis (-ae) camerman, camera operator > **cīnētomāchinam adhibēre** = to operate a movie camera > **scaenam excipere** = to film a scene

fābulārum (scaenicārum) scrīptor -tōris; -trīx -trīcis playwright > **fābulās compōnere** = to write plays

fūnambulus -ī; -a -ae tightrope-walker; acrobat (*also* **schoenobatēs -ae** *c or* **acrobatēs -ae** *c*) > **in fūne ambulāre** = to walk a tightrope > **artificia peragere** = to perform tricks

hariolus -ī; -a -ae fortune-teller > **hariolārī** (*deponent*) = to tell fortunes > **futūra** *acc npl* **praedīcere** = to foretell the future

histriō -ōnis *c* actor, actress (*also* **scēnica -ae** = actress; **āctor/-trīx** = actor/actress) > **in fābulā/pelliculā/spectāculō tēlevīsificō partēs agere** = to act in a play/movie/TV show > **noctū in popīnā ministrāre** = to wait on tables at night > **"Quī īnsidiātōre caret terrae fīlius est."** = "If you don't have a stalker, you're nobody."

illūminātor -tōris; trīx -trīcis best boy > **illūminātōris adiūtor** = best boy grip >

illūminātōrum praefectus = gaffer > **scaenam illūmināre** = to illuminate a stage/set > **lampadēs accomodāre** = to adjust lamps

imāginātor -tōris; trīx -trīcis illustrator > **imāginibus īnstruere** = to furnish with images > **dēlīneāre** = to draw

lampadārius -ī; -a -ae usher > **hominem ad sedem inveniendam iuvāre** = to help a person find his/her seat > **libellōs pūblicō trādere/distribuere** = to hand out programs

magister -trī pelliculae (film) director (*also* **scaenārum dispositor/moderātor/ praefectus**) > **spectāculum cīnēmaticographicum scaenātim parāre** = to develop a motion picture scene by scene > **pelliculam/taeniolam ēdere** = to make a film > **cīnēmatographicē imprimere/reddere** = to film *tr*

magus -ī magician (**ars magica** = magic; **artēs atrōcēs/nefastae** = the "black arts") > **artificia magica peragere** = to perform magic tricks > **artēs magicās exercēre** = to perform/work magic (*cf.* **praestīgiātor**)

mūsicus -ī; -a -ae musician (**symphōnia** = orchestra; **grex mūsicae vibrivolventis** = rock-and-roll band) > **in symphōniā clāricornulō canere** = to play clarinet in an orchestra; **in grege vibrivolventī citharā ēlectricā canere** = to play the electric guitar in a rock band; **in grege iassiācō/iadziācō saxophōnō canere** = to play saxophone in a jazz band

praecō -ōnis *c* herald, announcer, spokesman, caller, crier (**tēlevīsōrius, mīlitāris, praesidentālis, saltātiōnum quadrātārum,** *etc.*) > **(an)nūntiāre** = to announce > **renūntiāre** = to report

praestīgiātor -tōris; -trīx -trīcis juggler; trickster, cheat, impostor; illusionist > **praestīgiās agere** = to juggle

prōcūrātor -tōris; -trīx -trīcis agent > **artificī opera prōcūrāre** = to find jobs for an artist

prōiectista -ae *c* projectionist > **cīnētoscopīum/prōiectōrium cīnēmatographicum adhibēre** = to operate a movie projector > **taeniolam/ pelliculam exhibēre** = to show a movie

saltātor -tōris; -trīx -trīcis dancer > **saltāre** = to dance > **(in orbem) volvī** = to twirl > **petasus turrītus** = top hat > **petasus strāmineus** = straw hat > **baculum** = cane > **manūs iassiacae** = jazz hands

scrīptor cīnēmatographicus, -tōris -ī screenwriter > **scrīptum scaenārium compōnere** = to write a script > **(opus) cōnscrībere** = to compose (a work) > **pūblicī iūris facere** = to publish

scurra -ae clown > **iocārī, nūgārī** = to play jokes, horse around > **nāsum rubrum praegrandem gestāre** = to wear a great big red nose

tesserārius -ī; -a -ae ticket-seller (*also* **schedulārius**) > **tesserās ad spectācula (spectanda) vēndere** = to sell tickets to events

OPERARIA, MACHINALIA, ELECTRICA
(Machinery Metals, Electricity)

aedificātor viārius, -tōris -ī road worker, road builder > **viam mūnīre** = to pave a road > **viam reficere** = to repair a road

clāviculārius -ī; -a -ae locksmith > **seram reserāre cuius clāvis āmissa est** = to open a lock whose key has been lost

ēlectridis artifex artficis *c* electrician > **ēlectris** *f* = electricity > **aedificium ēlectride īnstruere** = to wire a building > **apparātum ēlectricum reficere** = to repair an electrical apparatus

ferrārius -ī; -a -ae hardware dealer > **ferramenta vēndere** = to sell hardware

hamaxūrgus -ī auto maker > **vehicula fabricāre** = to manufacture vehicles

lignicīda -ae *c* lumberjack > **arborem caedere** = to fell a tree

māchinārius -ī; -a -ae operator of machinery; machinist > **māchināmentum adhibēre** = to operate a machine

māchinātor -tōris; -trīx -trīcis engineer > **pontem/māchināmentum/ergastērium dēsignāre** = to design a bridge/a machine/ a factory

mēchanicus (opifex), -ī (opificis) mechanic > **mēchanicus raedārius** = auto mechanic > **raedās/autocīnēta reficere** = to repair automobiles > **ploxenum aperīre** = to open the hood > **incitātōrium/ accumulātōrium/cōpulātiōnem/ trānsmissiōnem/frēna repōnere** = to replace the ignition/battery/clutch/ transmission/brakes > **oleum commūtāre/permūtāre** = to change the oil > **mōtōrium funditus reficere** = to overhaul the engine > **mōtōrium modulārī** (*deponent*) = to tune up an engine > **mōtōrium funditus restaurāre** = to rebuild an engine

metallārius -ī; -a -ae miner > **in fodīnā/ metallō labōrāre** = to work in a mine > **carbōnem effodere** = to mine coal > **anthracōsī/"pulmōnibus ātrīs" afficī** (*passive*) = to suffer from black lung/ anthrakosis

metallōrum faber fabrī metal worker > **metallum liquefactum extrūdere** = to extrude molten metal > **tornum adhibēre** = to operate a lathe

officīnātor -tōris; -trīx -trīcis foreman, foreperson > **cūrāre ut susceptum ad exitum perdūcātur** = to see to it that a job gets done

operārius -ī; -a -ae (manual) laborer > **manibus labōrāre** = to work with one's hands

(artifex) plumbārius, (artificis) -ī; -a -ae plumber (*also* **faber hydraulicus**) > **fistulam repōnere** = to replace a pipe > **dēfluvium/ēmissārium purgāre** = to unclog a drain; **lasanum expedīre** = to unblock a toilet

PECUNIARIA
(Finance)

argentārius -ī; -a -ae banker > **pecūniam servāre** = to store money > **collocāre** = to invest > **pecūniam faenerāre/faenerārī** = to lend money (at interest) > **paucās hōrās labōrāre** = to work short hours

assēcūrātiōnum vēnditor -tōris; -trīx -trīcis insurance salesperson (*also* **cautiōnum vēnditor**) > **contractus -ūs cautiōnis/assēcūrātiōnis** = insurance policy > **hominī condiciōnēs obtrūdere** = to force a policy on a person > **se ingerere** = not to take "no" for an answer, to be pushy

cautor -tōris one who is surety or bail for someone; a bail bondsman > **cautiōnem praebēre (alicui)** = to put up bail (for someone)

(argentāriae) ēnumerātor -tōris; -trīx -trīcis bank teller > **pecūniam ēnumerāre** = to count out money > **dēnumerāre/ ērogāre** = to pay out > **syngrapham decem thālērōrum perscrībere/solvere** = to write/cash a check for ten dollars > **pecūlārī** = to embezzle

(pecūniae) permūtātor -tōris; -trīx -trīcis stock broker > **permūtātor diurnus** = day trader > **sortēs permūtāre** = to trade stocks > **(sortēs) futūrās/sortium optiōnēs coëmere** = to buy futures/stock options > **mercēdem permūtātiōnālem poscere (poscō, poposcī)** = to charge a trading fee > **indiciīs illicitīs nixus (sortēs) permūtāre** = to engage in insider trading > **crīminis togātī convincī/ coarguī** = to be convicted of a white-collar crime > **in minimae sēcūritātis ergastulō tenisiam lūdere** = to play tennis in a minimum-security penitentiary

ratiōcinātor -tōris; -trīx -trīcis accountant (*also* **ratiōnārius**) > **assēcūrātiōnum ratiōcinātor** = actuary (*also* **āctuārius**) > **ratiōnēs/tabulās cōnficere** = to keep books > **ratiōnēs cōnsolidāre/dispungere** = to balance books > **īnstrūmenta/tabulās discindere** = to shred documents > **ratiōnēs corrumpere** = to cook the books > **taedēre** = to bore; to be boring > **taedium prōrsus āctuārium** = tedium of truly actuarial proportions

RES PUBLICA, IURISPRUDENTIA, OFFICIA PUBLICA
(Politics, Jurisprudence, Civil Service)

accūsātor (pūblicus), -tōris (-ī); -trīx (-a), -trīcis (-ae) district attorney, public prosecutor > **suspectōs iūdiciō persequī** = to prosecute suspects

advocātus -ī; -a -ae defense attorney > **reōs dēfendere** = to defend the accused > **exceptiōnem oppōnere** = to raise an objection > **percontārī** *tr* = to cross-examine

causidicus -ī; -a -ae lawyer, litigator > **causam agere/dīcere** = to plead a case > **exceptiōnem oppōnere** = to raise an objection > **testem interrogāre** = to examine a witness; **percontārī** (*deponent, tr*) = to cross-examine > **hominī lītem intendere** = to sue someone > **male audīre** = to have a bad reputation, not to be well thought of

cūrātor -tōris sociālis; -trīx, -trīcis social worker > **pauperibus, corpore/mente captīs, incommodātīs succurrere** = to come to the aid of the poor, the mentally/ physically disabled, and the disadvantaged

(operārius) cursuālis, (-ī) -is; (-a) -is, (-ae) -is postal worker > **pittacia cursuālia vēndere** = to sell stamps > **diribitor** = sorter > **īnstrūmentum diribitōrium (automatārium)** = automatic sorting machine > **operārius cursuālis stomachōsus** = disgruntled postal worker > **cursuāliter saevīre** = to "go postal"

decuriō -ōnis *c* city/town councilperson > **urbis/mūnicipiī/oppidī rēs gerere/ administrāre** = to administer the affairs of a city/(*provincial*) town/small town/village

(vectīgālium) exāctor -tōris; -trīx -trīcis tax collector (*also* **pūblicānus/-a**) > **vectīgālia exigere** = to collect taxes

grapheocratēs -ae *c* bureaucrat (*also, less pejoratively,* **appāritor**) > **iniūstē regere studēre** = to inordinately desire to be in charge > **cīvēs arroganter et īnsolenter tractāre** = to treat the public arrogantly and insolently > **singula minima nimium cūrāre** = to be an excessive stickler for details > **graphēocratīa** = bureaucracy

iūdex (praesidēns), iūdicis *c* judge > **causam cognōscere** = to hear a case > **ēdīcere** = to make a ruling > **carcere sex annōrum damnāre/condemnāre aliquem** = to sentence someone to six years imprisonment > **cōnsīderāre** = to take under advisement > **aliquem iūdicāre** = to pass sentence (on) someone > **damnāre/ condemnāre** = to condemn > **capitis damnāre** = to condemn to death > **absolvere/līberāre** = to acquit > **iūdicēs sēiungere** = to sequester a jury

iūdex iūrātus, iūdicis -ī *c* juror (*also* **duodecimvir**) > **dēlīberāre** *intr* = to deliberate > **inter sē rem cōnsulere** = to deliberate over/on an affair > **sententiam ferre** = to vote > **nōn licet mihi ācta diurna legere tēlevisiōnemve spectāre** = I am not allowed to read newspapers or watch television. > **in Caupōnā Fēriāriā Chītōs cōnsūmere** = to eat Cheetos™ at the Holiday Inn

magistrātus -ūs *m/c* magistrate, public official > **magistrātus vicārius** = justice of the peace > **(bīnōs) hominēs mātrimōniō coniungere** = to marry couples

minister prīmus, -trī -ī; -tra -a, -trae -ae prime minister > **partēs oppositās cōnsociāre** = to form an alliance between opposing factions > **cīvitātī moderārī** = to run a state

(homō) politicus, (hominis) -ī politician (*also* **quī (in) rē pūblicā versātur**) > **pecūniam cōgere** = to raise money > **ōrātiōnem habēre** = to give a speech > **īnfantēs osculārī** = to kiss babies > **prōmissum facere/servāre** = to keep a promise > **fidem frangere/fallere** = to break a promise > **mentīrī** = to lie

praefectus -ī; -a -ae urbī/urbis/oppidō/ oppidī mayor (*informally* "**būrgomagister/-tra**") > **conciliō/ senātuī mūnicipālī praeesse** = to preside over a city council > **taeniās sollemnēs secāre** = to cut ceremonial ribbons

(cīvitātis) praeses praesidis *c* governor (*also* **praefectus/-a cīvitātī**) > **cīvitātī moderārī** = to govern a state > **(nātiōnis) praesidātum ambīre** = to campaign for president

(terrae/nātiōnis) praeses praesidis *c* president (*also* **praesidēns** *c*) > **nātiōnī moderārī** = to govern a nation > **comprōmissa facere** = to make compromises > **rogātiōnem vetāre** = to veto a legislative proposal > **subscrīptiōne rogātiōnem sancīre** = to sign a proposal into law

ratiōcinātor pūblicus lēgitimus, -tōris -ī -ī; -trīx -a -a, -trīcis -ae -ae certified public accountant > **īnstrūmentum (rīte) recognōscere** = to certify a document

saltuārius -ī; -a -ae forest ranger > **silvam/ vastitātem cūrāre** = to care for the forest/ wilderness > **sēmitās sustinēre/ sustentāre** = to maintain trails > **Fūmōsus Ursus** = Smokey the Bear

tabellārius -ī; -a -ae mailman, letter-carrier > **epistulās reddere** = to deliver mail > **Clāvam ferre** = to carry Mace™

tabulārius -ī; -a -ae (city) clerk > **prō urbe/ oppidō/mūnicipiō pervaria negōtia exsequī** = to carry out a wide range of business for a municipality > **comitia urbāna/oppidāna/mūnicipālia gerere/ administrāre** = to run municiple elections

vestibulārius (politicus), -ī (-ī); -a (-a), -ae (-ae) lobbyist > **per vestibula/in vestibulīs ambīre** = to lobby

SACRA
(Religion)

abbās abbātis *m* abbot > **abbātissa** *f* = abbess > **abbātiae praeesse** = to be in charge of an abbey

aedituus/aeditumus/aeditimus -ī; -a -ae sacristan (*also* **custōs templī**) > **sacrōrum apparātum dispōnere** = to lay things out for a religious ceremony > **sacrārium ōrdināre tuērīque** = to organize the sacristy and keep it secure

allachisignānus -ī ayatollah (*perhaps more lit:* **deīsignānus;** *less formally* "**āiatollāchus**") > **lēgēs rēligiōnemque Islamicās doctissimum esse** = to be extremely learned in Islamic law and religion > **dē lēgibus rēligiōsīs ēdīcere** = to issue a fatwa > **ēdictum rēligiōsum** = fatwa

ananchōrēta -ae *c* hermit, anchorite (*also* **erēmīta**) > **sōlus vīvō** = I live alone > **(nūminī) ōrāre** = to pray > **sēcum/in animō meditārī** = to meditate

antistēs antistitis chief/high priest; bishop > **sacra prōcūrāre** = to perform sacred rites

cantor -tōris *m* cantor > **in templō sacra canere** = to sing sacred songs in the temple

cappellānus -ī (honōrārius Summī Pontificis) monseigneur, monsignore > **dignitāte praecipuā ōrnārī** = to be honored with a special title

cardinālis -is *m* cardinal > **itinera Rōmam facere** = to take trips to Rome > **synodō/conciliō adesse** = to attend a synod/council > **papam dēligere/ēligere/creāre** = to elect the pope > **coccinātus** = dressed in scarlet

cūrātor -tōris *m* curate (*also* **cūrātus, cūriō**) > **in paroeciā varia ministeria perficere** = to perform various duties in a parish > **aegrōtōs vīsitāre** = to visit the sick

Dalaeus Lama, -ī -ae Dalai Lama (*more formally perhaps* **Pontifex Māximus Tibetānus**) > **inter monachōs Tibetānōs prīmum (quondam) fuisse** = to have (formerly) been the first monk of Tibet > **ē corpore in corpus migrāre** = to be reincarnated from one body to the next > **animārum trānsmigrātiō** *or* **animārum trānsitiō** *or* **metempsȳchōsis** *f* = reincarnation

dīvīnus -ī shaman (*also, somewhat less accurately,* **incantātor, magus, vātēs;** *perhaps also, though more negative,* **sāgus; samānus** *could also be used*) > **herbīs cūrāre** = to treat with herbs > **per somnia (hypnōtica) sānāre** = to cure through the use of dreams/the trance state

episcopus -ī bishop > **archiepiscopus** = archbishop > **(archi)dioecēsī praeesse** = to be in charge of a diocese

gymnosophista -ae *c* yogi (*also* **magister iogicus**) > **in sessiōne lōtī animō meditārī** = to meditate in the lotus position

(ecclēsiālis) minister -trī; -tra -trae minister > **praedīcāre** *or* **contiōnem habēre** = to give a sermon/preach > **hymnum impōnere** = to lead a hymn > **pateram collēctāneam circumferre/trādere** = to pass the collection plate

missiōnārius -ī; -a -ae missionary > **operā apostolicā fungī** = to proselytize > **hominem (in novam rēligiōnem) convertere** = to convert someone (to a new faith)

monacha -ae nun > **coenobium inhabitāre** = to live in a convent > **in lūdō paroecicō docēre** = to teach in a parochial school > **discipulī digitōs rēgulā ferīre** = to hit a student on the fingers with a ruler

monachus -ī monk > **monastērium/coenobium inhabitāre** = to live in a monastery > **cottīdiē octōnās ōrātiōnēs cantāre** = to sing prayers eight times a day > **Mātūtīnās/Laudēs/Prīmās/Tertiās/Sextās/Nōnās/Vesperās/Complētam canere** = to sing Matins/Lauds/Prime/Terce/Sext/Nones/Vespers/Compline > **vīnum sublīmātum/ārdēns cōnficere** = to make brandy

mullachus -ī *m* mullah (*also* **sacerdōs Islāmicus/Mahometānus**) > **lēgēs sacrās callēre** = to be learned in sacred law

papa -ae *m* pope (*officially* **Pontifex Māximus** *or* **Summus Pontifex**) > **epistulam apostolicam ēdere** = to publish a Papal Bull > **sanctum canonīzāre** = to canonize a person > **dē fidē mōribusque īnfallibitier ēdīcere** = to make a infallible proclamation on faith and morals > **terram osculārī** = to kiss the ground > **Raedā Papālī vehī** (*passive*) = to ride in the Pope-mobile

pāstor -tōris *m* shepherd; (*religious*) pastor > **paroeciam administrāre** = to run a parish

> praedīcāre *or* **contiōnem (rēligiōsam) habēre** = preach, give a sermon > **pateram collēctāneam circumferre/trādere**

praedicātor -tōris; -trīx -trīcis preacher (*also* **ōrātor/doctor sacer/rēligiōsus** *or* **contiōnātor**) > **praedicāre** = to preach

praefectus -ī mūsicōrum; -a -ae music director, Kapellmeister (*also* **mūsicōrum/ symphōniacōrum/concentūs magister**) **modōs (mūsicōs) sacrōs compōnere** = to compose sacred music > **chorum dīrigere** = to conduct a choir > **organō canere** = to play the organ

rabbīnus -ī rabbi > **Tora(c)hum interpretārī** (*deponent*) = to interpret the Torah > **circumcīsiōnem peragere** = to perform a Bris > **verpus** = circumcised

sacerdōs -ōtis *c* priest/priestess (*also* **sacrificus/-a** *or* **presbyter** *m*) > **missam prōcūrāre/celebrāre** = to say mass > **baptizāre** = to baptize > **cōnfessiōnēs audīre** = to hear confessions > **aegrōs vīsitāre** = to visit the sick > **extrēmam ūnctiōnem ministrāre** = to administer extreme unction/the last rites > **Nostradominēnsibus animum addere/ favēre** = to root for Notre Dame > **sacra prōcūrāre** = to perform sacred rites > **sacrificia prōcūrāre** = to carry out sacrifices > **victimās sacrificāre** = to sacrifice victims > **deum/nūmen colere** = to worship a divinity

sānātor rēligiōsus, -tōris -ī; -trīx -a, -trīcis -ae faith healer > **(impositīs manibus) sānāre** = to heal (by the laying on of hands)

sapientiae magister -trī; -tra -trae wisdom master, Buddhist teacher > **illūminārī** = to become enlightened > **sanctus Buddhisticus** = Boddhisattva > **animā/ spīritū meditārī** = to meditate

sēmināriānus -ī seminarian (*cf.* **sēmināriī alumnus/particeps** = seminar participant) > **Studet ut sacerdōs fiat.** = He's studying to become a priest. > **schola sacerdōtālis/ sēminārium** = seminary

thaumatūrgus -ī; -a -ae miracle-worker; faith-healer > **mīrāculum/portentum/**

prōdigium facere/perficere = to perform a miracle (*cf.* **sānātor rēligiōsus**)

theologus -ī theologian > **multa dē dīvīnitāte et rēligiōne discere** = to learn many things about divinity and religion

vicārius -ī; -a -ae vicar > **praedīcāre** *or* **contiōnem habēre** = to give a sermon/ preach > **hymnum impōnere** = to lead a hymn > **pateram collēctāneam circumferre/trādere** = to pass the collection plate

VALETUDINARIA
(Health Care)

aegrōrum ministra -trae; -ter -trī nurse > **aegrōtōs cūrāre** = to care for patients > **medicāmenta/remedia adhibēre** = to apply medications/remedies

anaesthēsiologus ī; -a -ae anesthesiologist > **aegrōtum (cōn)sōpīre** = to put a patient to sleep > **anaesthēsin adhibēre** = to administer anesthesia

chīropractōr -tōris; -trīx -trīcis chiropractor > **articulōs adaptāre** = to adjust joints > **ossa crepitāre facere** = to make bones crack

chīrurgus -ī; -a -ae surgeon > **aegrōtum secāre** = to operate on a patient > **tuber/ tumōrem exsecāre/extrahere** = to extract a tumor > **tonsillās exsecāre** *or* **amygdalectomēn perficere** = to perform a tonsilectomy > **in valētūdināriō mīlitārī chīrūrgīam tumultuāriam peragere** = to perform meatball surgery in a MASH unit

dentārius medicus, -ī -ī dentist (*less formally* **dentista** *c*) > **cariem exterebrāre** = to drill out a cavity > **explēmentum impōnere** = to put in a filling > **dentem extrahere** = to extract a tooth > **ponticulum/corōnam impōnere** = to install a bridge/crown

dermatologus -ī; -a -ae dermatologist > **cutem** *f* **cūrāre** = to care for the skin

gastroenterologus -ī; -a -ae gastroenterologist > **intestīnōrum** *npl* **valētūdinī/morbō/condiciōnī medērī** = to treat an intestinal ailment

medicāmentārius -ī; -a -ae pharmacist, druggist > **praescrīptum (medicum) explēre** = to fill a prescription > **aegrō cōnsilia dare** = to advise a patient

medicus -ī; -a -ae physician, *(medical)* doctor > **medicus/-a nātūrālis** = naturopath > **aegrōtōs (prō)cūrāre** = to attend to patients > **morbō** *dat* **medērī/morbum sānāre** = to cure a disease/illness > **hominem secāre** = to operate on a person > **medicāmentum/remedium praescrībere** = to write a prescription > **actīnographēmata īnspicere** = to examine X-rays > **diēbus Mercuriī pilamalleum lūdere** = to play golf on Wednesdays

nosocomus -ī; -a -ae nurse (*also* **aegrōrum ministra/-ter**) nurse > **aegrōtōs (prō)cūrāre** = to attend to patients > **medicāmenta/remedia adhibēre** = to administer medication/remedies

oncologus -ī; -a -ae oncologist > **carcinōmata** *npl* **cūrāre** = to treat cancer > **chēmotherapīā ūtī** = to use chemotherapy

psȳchiāter -trī; -tra -trae psychiatrist > **hominis aerumnās psȳchologicās**

auscultāre = to listen to a person's psychological problems > **nōscenda congerere** = to take notes > **singulīs horīs ducēnōs thalērōs poscere** = to charge $200 an hour > **in Arūbā fēriās/ vacātiōnēs dēgere** = to vacation in Aruba

radiologus -ī; -a -ae radiologist; *more formally,* **actīnologus** > **actīnographēmata facere** = to take x-rays > **actīnographāre** = to take an x-ray of > **actīnotherapīam adhibēre** = to carry out radiotherapy > **praecinctōrium plumbeum gerere** = to wear a lead apron

therapeuta -ae *c* therapist > **sōmatotherapeuta** = physical therapist > **glōttotherapeuta** = speech therapist > **psȳchotherapeuta** = psychotherapist > **hominēs variē captōs ad facultātēs recuperandās (prīmumve consequendās) adiuvāre** = to help people with various disabilities to regain abilities (or acquire them for the first time)

(medicus) veterinārius -ī; -a -ae veterinarian > **animalibus** *dat* **medērī** = to heal/cure/give medical aid to animals

EXERCITATIO II

"Quid septimānā praeteritā in opere fēcistī?"

Exempla:

I. Quid septimānā praeteritā in opere fēcistī?

II. Ego in Viā Tūtā tōtam septimānam obsōnia vēndidī, arcam relātrīcem adhibuī. Taedēbat.

II. Vōs quid septimānā praeteritā in officīnā fēcistis?

I. Ego quaestum nōn habeō.

III. Ego in bibliothēcā collēgiī librōs ōrdināvī.

1. Habēsne quaestum? Quid septimānā praeteritā in opere fēcistī?

2. Quid mēnse praeteritō in opere fēcistī?

3. Quid fīne septimānae proximō fēcistī?

4. Quid herī fēcistī?

5. Habuistīne labōrem aestīvum? Quid fēcistī?

6. Quidnam extrā quaestum fēcistī?

7. Quid inter fēriās hiemālēs fēcistī?

"Quid herī tertiā hōrā post merīdiem faciēbās?"

Exempla:	I. Quid herī tertiā hōrā post merīdiem faciēbās?
	II. In culīnā studēbam.
	II. Quid tū?
	I. Ego brevem somnum capiēbam.

1. Quid herī tertiā hōrā post merīdiem faciēbās?

2. Quid sextā hōrā?

3. Quid diē Sātūrnī praeteritō decimā post merīdiem hōrā faciēbās?

4. Quid aestāte praeteritā cottīdiē/saepe faciēbās?

5. Quid aestāte praeteritā diē septimō mēnsis Augustī (forsan) faciēbās?

6. Quid puer/puella edēbās? Quid nōn edēbās?

7. Quid, cum puer/puella erās, familia tua diēbus Sātūrnī faciēbat? Sōlis diēbus? Tempore aestīvō?

8. Quid iuvenis noctibus Veneris Sātūrnīque faciēbas? Quid fēriīs? Aestāte? Hieme?

"Haec in opere faciō."

Ūnā cum ūnō duōbusve aliīs discipulīs aliquot ex illīs imāginibus spectā quae in pāginā 94 positae sunt ac tē haec similiave in opere facere finge animō. Comitī fābulam brevem dēscrībe. Comes fābulam tuam magistrō posteā nārrābit.

Together with one or two other students look at the pictures on page 94 and imagine that are involved with these or similar things at work. Describe your story to your partner. Later, your partner will describe to the teacher what you have imagined.

EXERCITATIO V

"Quid in mūnere futūro faciēs?"

Exempla: I. Nōnne causidica fierī in animō habēs?

II. Habeō.

I. Quidnam causidica faciēs?

II. Clientēs dēfendam. Causās agam. Certē magnam pecūniam faciam!

Quid tuō in mūnere futūrō faciēs?!?

LOCUTIONES, IDIOMATA, PROVERBIA

1. **caelum ac terrās miscēre**: to create chaos > **Novus praesidēns societātis nostrae iam prīmā officiī suī septimānā caelum ac terrās miscet. Sollicitāmur omnēs.** = The new president of our company is already creating chaos in his first week here. We're all worried.

2. **ūnus quisque**: every single one > **Ūnus quisque discipulōrum ante sēmēstris fīnem scrīptum sat longum compōnere dēbet.** = Every one of the students is supposed to compose a fairly long composition before the end of the semester.

3. **cōnsilium capere/inīre**: to make a plan, come up with a plan, come to a decision, resolve > **Hōc in conventū cōnsilium tandem capimus de itinere quod in Graeciam facere in animō habēmus.** = In this meeting, we are finally planning the trip that we intend to take to Greece.

4. **fidem facere** (+ *dat*): to convince > **Verba tua mihi quidem fidem faciunt Iōannem rē vērā farīnae esse nostrae.** = What you have said convinces me that John really is our kind of guy.

5. **centōnēs sarcīre**: to tell tall tales (*lit:* to sew together patchwork) > **Illī, quod centōnēs sarcīre solet, etiam vēra dicentī crēdit nēmō.** = Since he tends to tell tall tales, no one believes him even when he tells the truth.

6. **Nihil ad _____ (esse)**: to be nothing compared with... > **Pedifollium lūsus quidem violentior est, nihil autem ad harpastum Britannicum.** = Soccer is indeed a rather rough game, but it's nothing compared to rugby.

7. **Nihil ad mē (pertinet)**: It has nothing to do with me. > **Nihil ad nōs quod vōs fessī estis. Manus nostra adhūc lūdere vult potestque!** = It's not our problem if you guys are tired. Our team is ready and willing to keep playing!

8. **bene/male audīre**: to have a good/bad reputation > **Iōannēs, ob hūmānitātem ingentem, ubīque bene audit.** = Because of his incredible kindness, John has a good reputation everywhere.

9. **arcem facere ē cloācā**: to make a mountain out of a molehill (*lit:* to make a citadel out of a sewer) > **Geōrgius praesertim in caupōnīs morōsē sē gerit, dē ministeriō querēns ac saepissimē arcem ē cloācā faciēns.** = George is very persnickety, especially in restaurants, complaining about the service and very often making a mountain out of a molehill.

10. **frūctum percipere/capere/perdere** (+ *gen*): to reap/derive/lose the fruits/benefit of > **Ob hoc mendum stultissimum cūnctī ferē priōris labōris perdit frūctum.** = Because of this extremely stupid blunder, he is forfeiting the benefits of nearly all his previous work.

11. **ā/dē capite ad calcem**: from head to toe > **Tū iam mihi dē capite ad calcem iūriscōnsulta vidēris!** = You already seem to me to be a lawyer from head to toe!

12. **nōn nihil** *or* **nōnnihil**: something; somewhat > **In illō cursū, quamquam professōris genus docendī mihi nōn placuit, nōn nihil tamen didicī.** = Although I didn't like the professor's teaching style, I still did learn a thing or two in that course. > **Nōnnihil mē cōnsolātur cum recordor tē haud iam longē ā mē habitāre.** = I am somewhat consoled when I remember that you don't live far away from me any more.

13. **medium**: public > **in mediō/pūblicō esse/versārī**: to be in public, to be present, *etc.* > **Cum in mediō sunt, dē vērīs cōnsiliīs suīs nōn palam loquuntur.** = They don't discuss their real

plans openly when they're in the public eye.

14. **ē mediō excēdere/abīre:** to leave the world, die > **Sērius ōcius ē mediō excēdit quisque.** = Everyone leaves this world sooner or later.

15. **dē mediō tollere:** to get rid of, put/get out of the way; "make disappear", destroy, do away with > **Summās postulātās nōn ad tempus trādentēs nōnnumquam ab operīs istīus dē mediō tolluntur—id quod cēterīs sānē timōrem inicit.** = Those who don't make their payoffs on time are sometimes done away with by his goons —which certainly does intimidate everyone else.

16. **In angustiīs amīcī appārent:** A friend in need is a friend indeed. > **Māximās tibi habeō grātiās quod hōc in discrīmine mihi ades. Vērē quidem dīcitur in angustiīs amīcōs appārere.** = I'm very grateful to you for standing by me in this difficult situation. It's true what they say. A friend in need really is a friend indeed.

17. **floccī (nōn) facere:** not to care a whit/ straw about, not to give a darn about (*lit:* to estimate it's worth at a (f)lock of wool/ not even to estimate its worth at a (f)lock of wool) > **Catōnem admīror praesertim quia rūmōrēs fāmamque floccī facit.** = I admire Cato especially because he doesn't care at all about rumors and fame.

18. **ut in _____ abl:** for a _____ (*i.e.,* compared with others of that class) > **Illīus indolēs, ut in ōrātōre praeclārō, satis modica modestaque est.** = For a famous orator, he has a pretty modest, unassuming personality.

19. **Nūllum medicāmentum est idem omnibus:** One man's meat is another man's poison. > **—Ille per tōtum diem caffeam bibit nec quicquam corporī nocēre vidētur; mihi autem caffea somnum difficilem reddit stomachumque afflīgit! —Quid dīcam, amīce? Nūllum medicāmentum est idem omnibus.** = —That guy drinks coffee all day, and it doesn't seem to hurt him at all; but coffee makes it hard for me to sleep and it kills my stomach! —What can I say, my friend? One man's meat is another man's poison.

20. **mōrem gerere (+ *dat*):** to comply with, humor > **Nōn mihi placet quod tū Catherīnae semper mōrem geris. Illa enim commodum tantum suum spectat nec tē floccī facit.** = I don't like how you always let Cathy get her way. She only cares about herself, you know, and she doesn't give a darn about you.

Singulīs paucīsve sententiīs locūtiōnēs quās didicistī tālī modō
ūsurpā ut sit significātiō manifesta.

*(In one or a few sentences, use the expressions you have learned in such a way
as to make the meaning clear.)*

1. caelum ac terrās miscēre: _____

_____

_____

2. ūnus quisque: _____

_____

_____

3. cōnsilium capere/inīre: _____

_____

_____

4. fidem facere (+ *dat*): _____

_____

_____

5. centōnēs sarcīre: _____

_____

_____

6. Nihil ad _____ (esse): _____

_____

_____

7. Nihil ad mē (pertinet): _____

_____

_____

8. bene/male audīre: _____

_____

_____

9. arcem facere ē cloācā: _____

_____

_____

10. frūctum percipere/capere/perdere (+ *gen*): _____

_____

11. ā/dē capite ad calcem: _____

_____

12. nōn nihil ("something"): _____

_____

    nōn nihil ("somewhat"): _____

_____

13. in mediō/pūblicō esse/versārī: _____

_____

14. ē mediō excēdere/abīre: _____

_____

15. dē mediō tollere: _____

_____

16. In angustiīs amīcī appārent: _____

_____

17. floccī (nōn) facere: _____

_____

18. ut in _____ (*abl*): _____

_____

19. Nūllum medicāmentum est idem omnibus: _____

_____

20. mōrem gerere (+ *dat*): _____

_____

DE VITA TUA

SERMO I: COLLOQUIUM INTERROGATORIUM

Erīcē Iusucēn dē huius vītā interrogat, quia illa biographiam eius cōnscrībere dēbet. In pugillāribus commentāriōs cōnficit.

Erīcē:	Quod est tibi nōmen gentīlicium?
Iusucēs:	Vatanabeus.
Erīcē:	Quōmodo scrībitur?
Iusucēs:	V-A-T-A-N-A-B-E-U-S
Erīcē:	Et praenōmen tuum quōmodo dēclīnātur?
Iusucēs:	Iusucēs Iusucae Iusucae Iusucēn (aut Iusucam) Iusucē (aut Iusucā). Scīlicet modō Graecō dēclīnātur. Figūra vocātīva est "Iusucē" (aut Iusucā).
Erīcē:	Ubi habitās, Iusucē?
Iusucēs:	Nunc quidem hāc in urbe in alumnōrum xenodochiō habitō, sed familia Tokium incolit. Alumnus vicārius sum.
Erīcē:	Quandō in Iaponiam redībis?
Iusucēs:	Mēnse Iūliō proximī annī.
Erīcē:	Quot sunt in tuā familiā?
Iusucēs:	Praeter mē et parentēs sunt et frāter ūnus et soror ūna. Ambō sunt nātū minōrēs.
Erīcē:	Quae sunt eīs nōmina et aetātēs?
Iusucēs:	Sorōrī nōmen est Micicō. Sēdecim annōs est nāta. Frātrī est nōmen Riōcius. Ille duodēvīgintī annōs habet.
Erīcē:	Et tū quot annōs nātus es?
Iusucēs:	Ego duōs et vīgintī.
Erīcē:	Ad quod mūnus studēs?
Iusucēs:	Historiae studeō. Professor historiae Eurōpaeae fierī volō.
Erīcē:	Papae! Eā sānē dē causā linguam Latīnam discis et tam bene Anglicē loqueris!
Iusucēs:	Ita vērō—at nōndum satis bene Latīnē loquor.
Erīcē:	Immō! ... Sed quibusnam aliīs cursibus interes?
Iusucēs:	Cursibus linguae Anglicae, mathēmaticae, philosophiae.

Erīcē:	Quae schola tē māximē dēlectat?
Iusucēs:	Schola Latīna. Lingua mē dēlectat. Commīlitōnēs Latīnī. Etiam mē dēlectat haec schola quod sessiōnēs sunt mātūtīnae. Ego scīlicet mātūtīnō vireō.
Erīcē:	Ego nōn, sed linguam Latīnam discere dēbeō quod philologa classica fierī volō. Cēterum, Iusucē, quid ōtiōsus facis?
Iusucēs:	Rē vērā parvum est mihi ōtium, interdum autem in cīnēmatēum eō. Dēlectant mē pelliculae omnigenae.
Erīcē:	Praepōnisne Americānās?
Iusucēs:	Equidem placent mihi, vērum omnium mihi acceptissimae sunt Iaponicae.
Erīcē:	Quis est tibi histriō grātissimus?
Iusucēs:	Tosihīrō Mifūnēs.
Erīcē:	Pergrātum fuit tē convenīre.
Iusucēs:	Mihi quoque tēcum colloquī placuit.

Verba Temporālia

adeō adīre adīvī/adiī aditum to go to, visit (*a place*)

appellor appellārī appellātus sum (*passive voice of* **appellāre**) to be called, to be named

compōnō compōnere composuī compositum to end, settle; compose, write

cōnscrībō cōnscrībere cōnscrīpsī cōnscrīptum to write, write up, compose

conveniō convenīre convēnī conventum *tr* to meet, go to meet; interview; *intr* to come together, meet, gather

displiceō displicēre displicuī displicitum *dat* to displease, be unpleasant to

emō emere ēmī emptum to buy, purchase

interrogāre (**dē** + *abl*) to ask, put a question to; examine, interrogate about...

loqueris you speak (*from* **loquī** "to speak", *deponent*)

obeō obīre obiī obitum to go to, visit (*a place*)

pendeō pendēre pependī pēnsum to hang *tr*

perlegō perlegere perlēgī perlēctum to scan, survey thoroughly; read through

praepōnere to prefer

prōmō prōmere prōmpsī prōmptum to bring out, come up with

redeō redīre rediī (*or* **redīvī**) **reditum** (*irreg*) to return > **redībis** = you'll return (*fut*)

rīdeō rīdēre rīsī rīsum to laugh

vīs you want (*from* **volō**)

vocor vocārī vocātus sum (*passive voice of* **vocāre**) to be called, to be named > **Quis vocāris?** = What's your name? > **Mārcus appellātur.** = His name is Marcus.

volō I want

Nōmina

aetās aetātis *f* age

agnōmen agnōminis *n* nickname

alumnus -ī foster child; pupil; student (= **discipulus**) > **alumnus vicārius, alumnī vicāriī** exchange student

animal domesticum, animālis -ī *n* pet (*also* **dēliciae**)

cantus -ūs *m* song

cattus -ī; -a -ae cat

cognōmen cognōminis *n* surname (*see also* **nōmen gentīlīcium**)

coetus -ūs *m* meeting, class (*meeting*)

colloquium interrogātōrium, -ī -ī interview

comes comitis *c* companion, partner

commīlitō -ōnis *c* fellow soldier; comrade; fellow student, classmate

cursus -ūs (studiōrum) *m* course, "class"

dēliciae -ārum pet

disciplīna -ae (*academic*) subject, discipline

Erīcē -ae/-ēs Heather (*cf.* **Ērīca/Ērica -ae** = Erica/Erika)

exercitātiō -ōnis *f* exercise

CFA Cīvitātēs Foederātae Americānae = United States of America

historia -ae history (*also* **rēs gestae**)

Iaponia -ae Japan

Iapō Iaponis a Japanese (*person*) (*also* **Iapō Iapōnis**)

(mēnsis) Iūlius, (-is) -ī July

Iusucēs Iusucae *m* Yusuke

locus -ī (*pl* **loca -ōrum**) place; passage (*in a book, pl* **locī -ōrum**)

maxilla -ae jaw (*also* **māla**)

modus -ī way, manner > **modī (mūsicī)** *npl* = music

nōmen gentīlicium, nōminis -ī family name, last name

parēns parentis *c* parent; mother; father

philologus classicus, -ī -ī; -a -ae classical philologist, classicist

praenōmen praenōminis *n* surname, first name

respōnsum -ī answer

Riōcius -ī Ryoki

schida/scheda -ae sheet (*of paper*) > **schidula/schedula** = a slip of paper

schola -ae lecture, class meeting, "class"; school; debate

sermō patrius, -ōnis -ī native language, mother tongue

taenia (haesīva), -ae (-ae) (*adhesive*) tape

Tokium -ī Tokyo

Vatanabeus -a Watanabe

varietās -tātis *f* (*sc* **originis mōrumque**) variety, diversity, pluralism (*also* **dīversitās**)

vestis -is *f* garment; clothing; coverlet; blanket

Prōnōmina

nēmō (nullīus/nēminis nēminī nēminem nūllō/-ā/nēmine) no one

nōnnūllī some (*people*) (*lit:* "not none")

plērusque plēraque plērumque most, the greater part; *pl* very many; the majority

quibus? (*dat pl; from interrog pron* **quis? quid?**) for whom? *pl*

quisque quidque each one, each person (*also adj with* **quodque** *for* **quidque** = each)

uterque utraque utrumque each one; both

Adiectīva

acceptissimus -a -um (mihi, tibi etc.) favorite (*see also* **dīlectissimus** *and* **grātissimus**)

agrestis -e rural, country; boorish; wild

ambō ambae ambō both

bīnī -ae -a (*distributive numeral*) two by two, in pairs, two at a time

cēterus -a -um other, the remaining; *pl* (*all*) the rest, (*all*) the others

cuiās? (*or* **cuiātis?**) from where? from what country?

dīlectissimus -a -um favorite

duodēvīgintī eighteen

ēlegāns ēlegantis elegant; fine; choice

Eurōpaeus -a -um European

fīdus -a -um loyal, trusty, faithful

gentīlicius -a -um of or proper to a Roman gens or clan (**nōmen gentīlīcium** = surname, family name)

gradus -ūs *m* degree (**gradus baccālaureus** = B.A.; **magistrālis** = M.A.; **doctorālis** = doctorate)

Graecus -a -um Greek

grandis -e full-grown; big; lofty

grātus -a -um pleasing; welcome; agreeable; deserving thanks

grātissimus -a -um favorite

gregālis -e group, collective

Iaponicus -a -um Japanese (*cf.* **Iapō Iaponis**, a Japanese person)

iūcundus -a -um pleasant, delightful, agreeable; interesting

mātūtīnus -a -um (*of the early*) morning, early (*See also* **mātūtīnō.**)

minor nātū, minōris nātū *c* younger

nōtātū dignus -a -um noteworthy; interesting

omnigenus -a -um of every kind

oriundus -a -um ex/ē (+ *abl*) native to, originating from (*also substantive*)

paucī -ae -a *pl* (a) few

posterus -a -um following, subsequent

quī? quae? quod? (*interrog adj*) which? what? what sort of?

secundus -a -um second

sēdecim sixteen

similis -e (+ *dat mostly with things;* + *gen mostly with persons*) similar (to)

sōlus -a -um (*irreg*) alone

subsequus -a -um following, follow-up

tertius -a -um third

tōtus -a -um (*irreg*) whole, entire, all

trānslātīcius -a -um (*or* **trālātīcius**) traditional; ancestral; commonplace, usual

ūtilis -e useful

vīgintī twenty

Adverbia

domī at home (*loc of* **domus -ūs** *f*)

equidem to be sure, in fact, it's true that... (*usually associated with the first person*)

et also

ferē (*or* **fermē**), nearly, almost; approximately, just about; generally

hīc here

hūc (to) here, hither

Immō! On the contrary! Actually! In fact! (*indicates a correction or important addition to a preceding statment*)

ita vērō yes, that's true

mātūtīnō *or* **mātūtīnē** in the early morning > **mātūtīnō virēre/vigēscere** = to be a "morning person"

māximē most > **omnium māximē** = most of all

minimē (the) least

minimum at least, at the least (*numerical/ quantitative, cf.* **saltem** = at all events, at least, anyhow)

paene almost, nearly

parum little; not enough, insufficiently

sānē clearly, of course, obviously; yes of course

satis (*or* **sat**) enough; pretty, fairly, quite

scīlicet namely, that is to say, in other words; of course, evidently; that is

semel (*frequentative numeral*) once

tam so, to such a degree

tamen nevertheless

tantum so much, as much

ūnā (all) together

ūsque all the way, straight on; even; continuously

Praepositiōnēs

ob *acc* because of; in front of; for the sake of

secundum *acc* according to

Participia

nātus -a -um (*from the verb* **nāscī**, "to be born") born > **Quot annōs nātus es?** = How old are you? > **Ūnum et vīgintī annōs nātus sum.** = I am twenty-one years old.

Coniūnctiōnēs

et also

et ... et ... (*correlative*) both ... and ...

vērum but (actually)

Locūtiōnēs

ad quid? what for? for what purpose? > **ad quod mūnus?** = for which profession?

commentāriōs cōnficere to take notes

(dīcam) an that is to say, I mean (*also* **velim dīcere**)

eā dē causā for that reason

in disciplīnā speciālī ēlabōrāre *or* **in disciplīnā māximē versārī** to major in a subject/field (*also* **disciplīnae māximē incumbere**)

iter facere to take a trip, travel

inter sē among themselves; one another

pergrātum fuit tē convenīre it was a pleasure/nice meeting you

post gradum acceptum (**post acceptum gradum baccālaureum**) after graduating (after getting my B.A.)

Quid ōtiōsus/-a facis? What to you do in your free time?

Quid sibi vult? What does it mean? (**Quid hoc sibi vult?** = What does this mean?)

Quōmodo dēclīnātur ____? How do you decline ____? (*Lit:* "How is ____ declined?")

Quōmodo scrībitur ____? How do you write/ spell ____? (*Lit:* "How is ____ written?")

INTERROGATIONES VIGINTI
AD COLLOQUIA INTERROGATORIA UTILES

1. Quod est nōmen tibi? (Quod est praenōmen/cognōmen/agnōmen tuum?)

2. Quōmodo scrībitur?

3. Quōmodo dēclīnātur?

4. Ubi habitās?

5. Quālis est domus/diaeta/vīlla tua?

6. Quot sunt in tuā familiā?

7. Quae sunt eīs nōmina et aetātēs? (Quōmodo appellantur? Quot annōs nātī sunt?)

8. Ad quid studēs? Quid fierī vīs?

9. Quot/Quibus scholīs interes?

10. In quā disciplīnā māximē ēlabōrās/versāris? Cūr/Quārē?

11. Quae schola tē māximē dēlectat? Cūr/Quārē?

12. Quī prōfessor/magister tē māximē dēlectat? Cūr/Quārē?

13. Quid ōtiōsus/-a facis?

14. Quī/Quālēs modī mūsicī tē māximē dēlectant?

15. Quae pellicula est tibi acceptissima?

16. Quis histriō tibi māximē placet?

17. Placetne librōs legere? Quōs/Quālēs legis? Quī est tibi dīlectissimus?

18. Quī color tē māximē dēlectat?

19. Estne tibi animal domesticum? / Habēsne dēliciās?

20. Quō fēcistī itinera? (Quās terrās obiistī/adiistī?)

COMMILITONIS VITA

Iusuces Vatanabeus

Iusuces in Via Quinta urbis nostrae habitat, in alumnorum xenodochio; familia autem Tokium incolit. Scilicet Iusuces est alumnus vicarius. Usque in mensem Iulium anni proximi nobiscum manebit. Fratrem unum unamque sororem habet. Ambo sunt natu minores. Sorori nomen est Micico. Frater Riocius vocatur. Iusuces in historia maxime elaborat quod historiae Europaeae professor fieri vult. Ea de causa linguae Latinae studet. Praeter hunc cursum scholas quoque frequentat linguae Anglicae, mathematicae, sociologiae. Latina tamen ex omnibus ei acceptissima est schola. Iusucae est quidem otium parvum, interdum autem pelliculas spectat. Et Americanae eum pelliculae delectant et Iaponicae, quamquam has omnium maxime amat.

SERMO II: COLLOQUIUM INTERROGATORIUM GREGALE

Erīcē in magnā schidā biographiam cōnscrīpsit inque aulae pariete taeniā pependit. Unā omnēs iam lēgērunt. Nunc Iusucae interrogātiōnēs subsequās prōmunt.

Haroldulus: Placetne tibi alumnōrum xenodochīum?

Iusucēs: Satis bene placet, quod meō in cubiculō sōlus habitō. Parvum est, sed commodum.

Patricia: Quid dē nostrā patriā tē māximē dēlectat et quid tibi ante omnia displicet?

Iusucēs: Māximē mē dēlectat varietās vestra, minimē cibus ... dīcam an, cibus ūniversitārius.

Cēterī rīdent.

Rugerius: Vīsne hūc aliquandō revenīre?

Iusucēs: Volō quidem. Post baccālaureum acceptum hūc redīre in animō habeō. Hīc magistrālem gradum, hīc doctorālem accipere volō.

Rugerius: Ubīnam?

Iusucēs: Nōndum sciō. Dē ūniversitātibus vestrīs adhūc parum sciō.

Tiffania: Quae pellicula Americāna est tibi grātissima?

Iusucēs:	Nesciō. Multae mihi placent. Forsan "Maxillae." Scīlicet amō pelliculās horriferās et scientiae fictīciae. Me dēclectat et "Alien."
	(Ad prōfessōrem)
	Quōmodo dīcātur Latīnē?
Prōfessor:	Forsan "Extrāterrestris."
Tiffania:	Placuitne tibi "Sextus Sēnsus"?
Iusucēs:	Etiam, sed nōn tantum.
Iāsōn:	Estne vōbīs domī animal domesticum?
Iusucēs:	Sānē. Delīciae nostrae est Inu, fēlēs nostra.
Iāsōn:	Cuius generis est fēlēs?
Iusucēs:	Nesciō ... Alba.

Nōnnūllī rīdent.

Iāsōn:	Quid sibi vult "Inu"?
Iusucēs:	"Canis." Inu est valdē fīdus cattus. Canī est similis. Etiam est grandis.

Nōnnūllī rīdent.

Ēlectra:	Quī modī mūsicī tē māximē dēlectant?
Iusucēs:	Paene omnis mūsica mihi placet.
Ēlectra:	Agrestisne mūsica Americāna?
Iusucēs:	...Rē vērā nōn tantum.
Thōmās:	Quid dē mūsicā Rap?
Iusucēs:	Em, plērumque nec multum mihi placet mūsica rappistica, praeter forsan paucōs cantūs. Mihi placent genera classicum et vibrivolvēns et iassiācum necnōn et ars mūsica Iaponica trālāticia.
Elizabetha:	Estne tibi color acceptissimus?
Iusucēs:	Māximē amō nigrum. Est color ēlegāns, lautus.
Gregorius:	Fēcistīne itinera in aliās terrās praeter CFA?
Iusucēs:	Ita. Bis cum familiā in Corēam iter fēcī.
Gregorius:	Quās aliās terrās māximē vīsere cupis?
Iusucēs:	Omnēs ferē terrās Eurōpaeās: Britanniam, Germāniam, Ītaliam, Graeciam, Francogalliam, Hispāniam...aliāsque.
Prōfessor:	Grātiās plūrimās, Iusuce, ob respōnsa iūcunda et grāta et nōtātū digna.

EXERCITATIO I

Biographiae

I. Bīnī discipulī conveniunt et inter sē dē utrīusque vītā interrogant.

II. Praeceptor cuique discipulō schidam magnam tradit.

III. Domī alibīve quisque discipulus alterīus respōnsa īnspicit atque calamō coāctilī litterīs sat grandibus huius vītam cōnscrībit.

IV. Posterīs diēbus tōta classis vītās ūnā legit.

V. Post lēctam vītam quamque,[1] classis commīlitōnī, cuius[2] est biographia, subsequa interrogāta facit. Quisque semper minimum semel interrogat.

[1]post lēctam vītam quamque = "after each biography is read"

[2]cuius = "whose," from relative pronoun quī quae quod > cuius est vīta = "whose biography it is"

EXERCITATIO II

Post perlēctās vītās omnēs[3]

1. Quid post gradūs acceptōs facient multī?

2. Quid post gradūs acceptōs facient paucī?

3. Quid post gradūs acceptōs faciet nēmō?

4. Quot discipulīs nōn est sermō patrius Anglicus?

5. Quot discipulī familiam magnam habent? Quot parvam?

6. Quot ex hāc regiōne sunt oriundī? Quot nōn?

7. Quot in alumnōrum xenodochīō habitant? Quot in diaetā? Quot apud parentēs? Quot alibī?

8. Quot animal domesticum habent? Quot canem? Quot fēlem? Quot avem?

9. Quot extrā patriam nostram itinera fēcērunt? Quot extrā hanc cīvitātem? Quot in Eurōpā?

10. Quī est plērīsque color acceptissimus? Quī color in secundō locō est? Quī in tertiō?

11. In quibus disciplīnīs māximē ēlabōrant plērīque?

12. Quae est plērīsque pellicula acceptissima? Quae in secundō locō est? Quae in tertiō?

Et ita porrō....

[3]Post perlēctās vītās omnēs = "after all the biographies have been read"

LOCUTIONES, IDIOMATA, PROVERBIA

1. **magnī facere:** to think highly of > **—Eōs haud magnī faciō quī librōs āctaque diurna ēvītantēs cunctam scientiam suam ē fontibus ēlectronicīs trahunt. —Quam prīscōrum mōrum es, mī Fēlīx!** = I don't think very highly of people who avoid books and newspapers and derive all their knowledge from electronic media. —What an old-fashioned guy you are, Felix buddy!

2. **nē multa:** (to make a) long story short, in short > **In hortīs oblectāriīs raedā ingentī, monte Russicō, circumvectāculō vehēmur, cibīs inūtilibus sagīnābimur, lūsūs īnsulsōs obeuntēs nūgās auferre contendēmus— nē multa, modō solitō ac comprobātō ibi oblectābimur.** = At the amusement park we're going to go on the Ferris wheel, the roller coaster, and the carousel. We'll stuff ourselves with junk food and play games to win stupid prizes. To make a long story short, we'll have fun there in the traditional, tried and true way.

3. **tōtus sum** (+ **in** + abl/+ gen/+ adj)**:** to be totally devoted to, involved in, obsessed with, *etc.* > **Quia illa tōta est partium Repūblicānārum, nōn tantum suam dōnat eīs pecūniam, quīn etiam concīvium collēctās ambit.** = Since she is a true dyed-in-the-wool Republican, she doesn't merely donate money to the party herself but she's also active in fund-raising.

4. **(in) tempore/temporī/temperī/ad tempus/per tempus:** in time, in a timely manner; (just) at the right/appropriate/proper time > **Satisne temporī dē nostrae sessiōnis hōrā mūtātā certior factus est?** = Was he informed sufficiently in advance about the time of our session being changed? > **in ipsō (temporis) articulō:** in the nick of time, at the critical moment > **Nōn sōlum in tempore sed, quod plānē in pelliculīs summum est, in ipsō articulō auxilium ferunt mīlitēs classicī.** = Not only do the marines bring help in time but they bring it right in the very nick of time—which is of course the main thing in movies.

5. **ante tempus:** (too) early > **Tōtus quidem sum in nummīs colligendīs. Adeō ad conventūs philatelicōs adsiduē ante tempus adveniō.** = I am indeed obsessed with coin collecting. I even arrive early for all the philatelic conventions.

6. **semel aut iterum:** once or twice > **Donaldus, nī fallor, semel aut iterum Novī Eborācī versātus est.** = I have the impression that Don has been in New York once or twice.

7. **semel atque iterum:** time and time again, repeatedly *Also (esp. in poetry):* **iterum atque iterum** *and* **iterum iterumque** (**Identidem** *can mean* both this and also—*like* **subinde** *and* **interdum** —"occasionally".) > **Pecūniam semel atque iterum dare cōguntur quia in vīciniā Mafiōsā habitant.** = Again and again they are forced to give money because they live in a Mafia-controlled neighborhood.

8. **mihi placeō:** I'm pleased with myself > **Quod Mārcum Annae trādidit atque hī mox mātrimōniō iungentur haud parum sibi placet Marīa.** = Mary's pretty darn pleased with herself since she introduced Mark to Ann and they are now going to get married soon.

9. **prō parte/prō virīlī parte:** to the best of one's ability > **Etsī artis mēchanicae haud perītissimus, pauca tamen dē raedīs sciō atque huius molestiae causam dētegere prō virīlī parte cōnābor.** = Although I'm far from being a skilled mechanic, I do know a few things about cars and will do my level best to find out what's causing of this problem.

10. **in speciem/ad speciem:** for the sake of appearances, for show, as a pretence; to create a false impression > **Mīlitēs, ad speciem relictīs tabernāculīs, iam longē aberant ab eō locō.** = Having left their tents behind to create a false impression, the soldiers were already far away from that place.

11. **in/ad speciem/(sub) speciē/per speciem** (+ *gen*): after the manner of, in the fashion of, like; as if, in order to create the impression of > **Ducēs Corēae Septentriōnalis lībertātis in speciem comitia īnstituunt, in quibus autem ad singula officia singulī tantum exstant semper candidātī.** = To promote the fiction of liberty, the leaders of North Korea organize elections, but there is always only one candidate for each office.

12. **in causā/culpā esse:** to be responsible (for a deed or action) (= **culpābilem esse**) > **Quis in causā est quod concentum audītum nōn iistis? —Alānus! Iste enim ad nōs tesserās ferre dēbēbat, neque autem advēnit neque ad tēlephōnum respondit!** = Who's fault is it that you guys didn't go to the concert? — It's Alan's fault. He was supposed to bring us the tickets, but he didn't show up, and he didn't answer his phone either.

13. **rē īnfectā:** without achieving one's purpose > **Post tam longum iter, absente eō diē magistrātū quem petēbāmus, rē īnfectā domum tandem reversī sumus.** = After such a long trip, since the official we needed to see was absent that day, we ended up returning home without accomplishing what we intended.

14. **dē tenerō unguī** *or* **ā tenerīs unguiculīs:** from earliest childhood > **Ā tenerīs unguiculīs Latīnē loquuntur quidem hīs temporibus paucissimī. Sunt mihi autem nōtī nōnnūllī.** = These days very few people speak Latin from earliest childhood, but I do know a few who have.

15. **mōnstrārī digitō:** to be pointed out, to be a celebrity > **Post frātris meī librum dīvulgātum, ubīque urbis mōnstrātur digitō.** = Since my brother's book has been published, he is a celebrity wherever he goes in the city.

16. **ūnus et (item) alter** *or* **ūnus alterve:** one or two > **Ex eōrum grege ūnus et alter versūs concinniōrēs pangere sciunt.** = There are one or two in that group who know how to put together pleasing verses.

17. **Iubē eum meīs verbīs valēre.:** Say hi to him (from me). / Give him my best (regards). > **Uxōrem lepidissimam tuam quam dūdum nōn videō! Iubē eam saltem meīs verbīs valēre.** = It's been such long time since I saw your charming wife! At least give her my best.

18. **sī (tibi) vidētur:** if you like > **Hāc noctē, sī vidētur, domī manentēs cēnam arcessēmus.** = Tonight, if you like, we'll stay home and order out for dinner.

19. **animum/mentem colligere:** to recover, rally, come to one's senses > **sē colligere:** to crouch; recover one's courage or resolution > **Post hanc clādem aut dēspērantēs dēsistere aut animum colligentēs susceptō nostrō adhūc īnstāre possumus. Hoc tōtum penes nōs est.** = After this disaster, we can either despair and give up or we can recover our resolution and keep pursuing our goal. It's entirely up to us.

20. **fertur** *or* **ferunt:** it is said, they say > **Domum Paulae ab huius ipsīus proavīs aedificātam esse ferunt.** > They say that Paula's house was built by her great-grandparents.

Singulīs paucīsve sententiīs locūtiōnēs quās didicistī tālī modō
ūsurpā ut sit significātiō manifesta.

*(In one or a few sentences, use the expressions you have learned in such a way
as to make the meaning clear.)*

1. magnī facere: _____

_____

_____

2. nē multa: _____

_____

_____

3. tōtus sum (+ in + *abl*/+ *gen* /+ *adj*): _____

_____

_____

4. (in) tempore/temporī/temperī/ad tempus/per tempus: _____

_____

_____

5. ante tempus: _____

_____

_____

6. semel aut iterum: _____

_____

_____

7. semel atque iterum: _____

_____

_____

8. mihi placeō: _____

_____

_____

9. prō parte/prō virīlī parte: _____

_____

_____

10. in speciem/ad speciem: _____

_____

_____

11. in/ad speciem/(sub) speciē/per speciem (+ *gen*): _____

_____

_____

12. in causā/culpā esse: _____

_____

_____

13. rē īnfectā: _____

_____

_____

14. dē tenerō unguī *or* **ā tenerīs unguiculīs:** _____

_____

_____

15. mōnstrārī digitō: _____

_____

_____

16. ūnus et (item) alter/ūnus alterve: _____

_____

_____

17. iubē eum meīs verbīs valēre: _____

_____

_____

18. sī (tibi) vidētur: _____

_____

_____

19. animum/mentem colligere: _____

_____

_____

20. fertur/ferunt: _____

_____

_____

Vita Nostra
Subsidia ad Colloquia Latina
TOMVS II

Cuius operis, utpote provectioribus destinati, exemplaria omnia nullo usquam nisi Latino sermone conscripta erunt. Tomi II ecce capita:

LOCVTIONES SCHOLARES

CAPITVLVM PRIMVM: Dē Rē Rūsticā et Cibīs

CAPITVLVM SECVNDVM: Dē Familiāribus et Affectibus

CAPITVLVM TERTIVM: Dē Geōgraphiā, Itineribus, Caelō

CAPITVLVM QVARTVM: Dē Vrbe

CAPITVLVM QVINTVM: Dē Corpore et Valētūdine

CAPITVLVM SEXTVM: Dē Acadēmiā

CAPITVLVM SEPTIMVM: Dē Vestīmentīs, Tabernīs, Pecūniā

CAPITVLVM OCTAVUM: Dē Rērum Nātūrā

Qui hunc tomum perfecerit pleraque ad vitam humanam attinentia argumenta verbis Latinis tractare habebit!

Stephen A. Berard graduated from UCLA with a BA in Classics and received an MA in Latin and a CPhil in Classics from UC Berkeley. At the Monterey Institute of International Studies, he completed his MA in German Studies (*thesis:* "Südländische Musik im dichterischen Werk E. T. A. Hoffmanns") and received his PhD in Germanic Philology from the University of Massachusetts at Amherst (*dissertation:* "Infinitive Usage in Biblical Gothic").

In 2017, Professor Berard retired from Wenatchee Valley College in Wenatchee, Washington, where he taught German, Greek, Latin (as a spoken language), and Spanish. Berard has directed and participated in a host of spoken Latin seminars and currently organizes the spoken Latin activities of the *Circulus Seattlensis* in the Pacific Northwest.

Since the year 2000, Berard has published a variety of works in Latin: *Vita Nostra*, articles on physics, a monograph on linguistics, a book on quantum mechanics, and *Capti*, the first novel in a heptology of poetic novels (*Heptologia Sphingis*) based on quantum physics and Eastern mysticism.

Professor Berard now lives on Whidbey Island in Washington state. For more information about his writing and activities, please visit Boreoccidentales.com.

Photo credit: **Relief from a scribe's tomb found in Flavia Solva, Austria** by Hermann A.M. Muke. *Source:* Wikimedia, CC-PD-US.

CAPTI: Fabula Menippeo-Hoffmanniana Americana *(2011)*

Book I in the Heptologia Sphingis *series - Available through Amazon*

In *Capti*, Stephen "Stephanus" Berard weaves a multicultural, particolored, sometimes surreal and often hilarious tapestry of satire, magic realism, myth, science, and poetry that causes the reader to pinch himself, asking if he can actually be reading something like this in Latin. The central character is a highly functional autistic Seattle ballet dancer, Woody Fava, who speaks in verse and who uses chromoptic therapy in the form of colored eyeglasses to help himself make sense of his world. In search of the Goddess, whom he is sure has recently moved into a condo somewhere in Seattle, Woody quits his ballet job, quickly impoverishes himself, and has a series of disturbing misadventures, until finally disappearing ... only to reemerge in Los Angeles at the center of a bizarre murder mystery. But this is only part of the story since Woody's life is reflected and refracted into a thousand other tales – yes, hints of Scheherazade! – lived out in other times and other contexts.

Based loosely on two novelas by the German Romantic author E. T. A. Hoffmann, this poetic novel uses primarily literary fantasy and satire to explore the ways in which all living beings are either trapped or impaired or both (the Latin participle *captus* actually means both) but how they are also somehow all interconnected.

Reviews and recommendations

"The glory of the book is the exuberant language: this is not Cicero's Latin, but more like a post-modern Tacitus, a latter-day Lucan, a spiritual descendant of M. Terentius Varro. ...There are descriptions galore...a long, satirical evocation of Seattle...and a description of LA that would be at home in Hugo or Dickens. ...Its blend of modern form, modern scientific or philosophical motifs, and ancient language is almost steampunk in style." — Anne Mahoney (Tufts), *The Classical Outlook*

"[*Capti*] is unmistakably magical realism, and should sit nicely on the shelf with the works of Italian writer Italo Calvino or American novelist Thomas Pynchon. ...[Berard] writes poetry that is sharp and wonderfully vivacious." — Thomas Banks, *Multilingual*

"The author's command of Latin is truly virtuosic and I would say of his impressive achievement, as Cicero did of Lucretius's poem, that it is 'multis luminibus ingenii, multae tamen artis,' a work 'marked by many flashes of genius and much skill.' Readers who have lamented that Apuleius, the madcap, linguistically virtuosic author of *The Golden Ass*, did not follow up his novel with another similarly delicious work will rejoice when they discover in Professor Berard a twenty-first century Apuleius." — Dr. Albert R. Baca, Professor Emeritus, California State University Northridge

Other titles in the **Heptologia Sphingis** *series*

PRAECVRSVS: Fabula Neophysiologica
(Forthcoming in 2018)

In *Praecursus*, the reader comes to a greater understanding of how the diffuse compositional style of *Capti* is actually describing a first impression of an extremely holistic world view in which absolutely everyone and everything is directly connected to everyone and everything else ... as well as how personality and individual identity can be viewed as somewhat arbitrary and even artificial constructs.

The central character is Tog, a *praecursor* engaged by a race of benevolent artificial super-beings to explore the possibilities of biological entities operating in the next higher dimensional level of existence in which there are four degrees of physical freedom and time is experienced in the fifth dimension. As Tog navigates through different stories and worlds — at times living fused with a hive-minded entity and existing now as a hologram, now as a computer subroutine — he learns to ride the waves of quantum flux...and eventually even to control them to a large extent.

EOS: Carmen Methistoricum
(in progress)

DAEMONOLOGIA: Fabula Synaesthetica

CAELA PONE CAELA: Fabula Cubistica

TANTISPER: Fabula Neoheroica

SPHINX: Carmen Arcanum

Stay current with the status of this series and more at Boreoccidentales.com.

Made in the USA
San Bernardino, CA
03 April 2018